Knaur.

Über die Autorin:
Margit Schönberger ist Journalistin und Autorin zahlreicher erfolgreicher Bücher (u. a. *Don't worry, be fifty, Wir sind rund, na und?* und *Mein Chef ist ein Arschloch, Ihrer auch?*). Sie war lange Zeit Leiterin der Presse- und Öffentlichkeitsarbeit einer großen Verlagsgruppe. Mit über 50 machte sie sich als Literaturagentin selbständig: ein höchst erfolgreicher Neuanfang, wie sich bald zeigen sollte. Margit Schönberger ist verheiratet und lebt in München.

Margit Schönberger

Be happy, be fifty

50 gute Gründe,
mit Freude 50 zu werden

KNAUR TASCHENBUCH VERLAG

Besuchen Sie uns im Internet:
www.knaur.de

Originalausgabe Juni 2008
Copyright © 2008 by Knaur Taschenbuch
Ein Unternehmen der Droemerschen Verlagsanstalt
Th. Knaur Nachf. GmbH & Co. KG, München
Alle Rechte vorbehalten. Das Werk darf – auch teilweise –
nur mit Genehmigung des Verlags wiedergegeben werden.
Umschlaggestaltung: ZERO Werbeagentur, München
Umschlagillustration: Christin Ogger
Satz: Adobe InDesign im Verlag
Druck und Bindung: CPI – Clausen & Bosse, Leck
Printed in Germany
ISBN 978-3-426-78062-6

5 4 3 2 1

Laufe nicht der Vergangenheit nach. Verliere dich nicht in der Zukunft. Die Vergangenheit ist nicht mehr. Die Zukunft ist noch nicht gekommen.

Das Leben, wie es hier und jetzt ist, eingehend betrachtend, weilt der Übende in Festigkeit und Freiheit.

Es gilt, uns heute zu bemühen. Morgen ist es schon zu spät.

Buddha

Inhalt

1. Hurra, wir leben noch 11

2. Es ist gar nichts Schlimmes passiert! 16

3. Es muss nicht immer der Mount Everest sein . . 21

4. Es darf auch manchmal Kaviar sein 26

5. Acht Stunden sind kein Tag 31

6. Mensch ärgere dich nicht 36

7. Von süßen und von sauren Früchten 41

8. Klartext ist angesagt 46

9. Menschen braucht das Land 51

10. Vom Diener zum Herrn 56

11. Warum das Wort »nein« glücklich macht 61

12. Wie man den Wald trotz vieler Bäume sieht . . . 66

13. Elefanten gehen nicht in Porzellanläden 71

14. Jedem Tierchen sein Pläsierchen? 76

15. Wer kauft, wird selig 81

16. Mit sich selbst ist man nie allein 86

17. Sex an und für sich 91

18. Küss die Hand, schöne Frau 96

19. Humor ist, wenn man trotzdem lacht 101

20. Von der Leidenschaft der Wissbegier 106

21. Schwarzenegger kontra Einstein 111

22. Du bist, was du isst 116

23. Glück, das auf der Zunge zergeht 121

24. Nur wer loslässt, lernt fliegen 126

25. Wer spricht denn da? 131

26. Niemand ist eine Insel 136

27. Schmetterlinge weinen nicht 141

28. Von blauen und von grauen Tagen 146

29. Von Menschen, Mäusen und Laufrädern 151

30. Marilyns Schönheitspflästerchen 156

31. Die Zauberer von Oz 161

32. Die Königin von Saba frühstückt bei Tiffany . . 166

33. Herzen dürfen keine Mördergruben sein 172

34. Das Maß aller Dinge 177

35. Die Seele mit den Füßen baumeln lassen 182

36. In 80 Tagen um die Welt 187

37. Vom Winde verweht 192

38. Die blaue Blume der Romantik 197

39. Jenseits von Eden 202

40. Hurra, die Schule brennt! 207

41. Die Macht des Schicksals 212

42. Die Farbe des Geldes 217

43. Jäger der verlorenen Schätze 222

44. Die Zukunft hat schon begonnen 227

45. Der Stoff, aus dem wir Menschen sind 232

46. Keiner hat uns einen Rosengarten
    versprochen 237

47. Nur wer schläft, sündigt nicht 242

48. Horch, was kommt von draußen rein? 247

49. Natur ist kein grüner Punkt 252

50. Das Glas ist immer noch halb voll 257

    Nachdenkseiten 263

1. Hurra, wir leben noch

Hand aufs Herz: Dass Sie heute oder demnächst diesen besonderen, runden Geburtstag feiern können, ist doch schon ein ganz großer Sieg. Es gab Zeiten, in denen die Menschen 40, höchstens 50 Jahre alt wurden. Und nicht etwa deshalb, weil sie von wilden Tieren gefressen wurden, sondern weil sie so harten Zeiten und Lebensbedingungen ausgesetzt waren, dass sich keiner auch nur gewünscht hätte, sein 80. Lebensjahr zu erleben. Nach heutigen Maßstäben hätten sich unsere Vorfahren vor ihrem 20. oder 25. Geburtstag fürchten müssen. Eine absurde Vorstellung, zumal die Menschen anderes zu tun hatten, als sich Geburtstage auch nur zu merken. Was für ein Glück, dass wir im Heute leben dürfen!

Ich habe eine ganze Menge »schlechter« Eigenschaften. Eine davon ist ohne Zweifel, dass ich sehr schlampig mit Gedenktagen umgehe. Jedes Jahr muss ich erneut darüber nachdenken, ob unser Hochzeitstag am 14. oder am 16. Januar ist – und das, obwohl es eindeutig das wichtigste Erlebnis in meinem bisherigen Leben war und zudem in der schönsten Stadt der Welt stattfand, nämlich in Venedig. Deshalb sind in meinem Kopf die Geburtstage anderer Menschen nicht besonders fest verankert – mein eigener übrigens auch nicht.

Damit habe ich mir nahestehende Menschen sicher schon sehr oft gekränkt. Woher kommt diese Unachtsamkeit? Vielleicht liegt es daran, dass ich alle guten Tage des Lebens sehr bewusst genieße und es ein wenig merkwürdig finde, ausgerechnet den Tag der Geburt, für den jeder von uns am allerwenigsten kann, so herauszuheben (dass wir nicht gefragt wurden, ob wir überhaupt geboren werden wollten, lassen wir mal beiseite). Andererseits bin ich durchaus der Meinung, dass man Feste feiern sollte, wie sie fallen. Das Schönste an Geburtstagen in meiner Familie war die Sachertorte, die für jedes Familienmitglied an »seinem« Tag gebacken wurde – dieses wunderbare, schokoladenbraune Wunder, mit der Aprikosenmarmelade unter der seidig weichen Schokoglasur, die immer noch das Geheimnis des Hauses Sacher in Wien ist und das ganze Generationen von Großmüttern, Müttern und Tanten zu lüften versuchten (meine kommen sehr nahe an das Original heran, wofür ihnen wirklich zu danken ist!). Wie viele Kerzen sich auf den diversen Geburtstagstorten befanden, war mir immer egal, denn sie wurden ohnehin als Erstes »abgeräumt«, bevor man sich endlich über diese Köstlichkeit hermachen konnte.

Wahrscheinlich ist es diese lockere Einstellung zu den Jahresringen des Lebens, die mich davor bewahrt hat, mich vor dem 50. zu fürchten. Aber viel mehr dazu beigetragen hat etwas ganz anderes: Ich bin in einer familiären Umgebung aufgewachsen, in der alle Altersgruppen vertreten waren und Alter kein Gesprächsthema war. Und in meiner Kindheit haben meine Großeltern eine sehr zentrale Rolle gespielt – für meine Eltern ebenso wie für uns Kinder. Die Großeltern waren sozusagen ein »Liebesmittelpunkt«. Ich spüre heute noch die Knie meines Großvaters, auf denen ich stundenlang saß, wenn er mir etwas erzählte. Aber auch das Schweigen mit ihm war wunderbar – es hat mich gelehrt, mit mir allein sein zu können, ohne mich jemals zu langweilen. Denken lernt man durchaus auch mit intelligenten Schweigern – und mit Büchern! Ich spüre auch noch immer die warmen, von der Bäuerinnenarbeit rauhen Hände meiner beiden Großmütter, in denen meine kleine Kinderhand fast verschwand. Mit diesen beiden alten Frauen wäre ich Hand in Hand bis ans Ende der Welt gegangen (während ich heute für den zweiten Stock schon den Lift benutze). Solche Erfahrungen haben mir ein Urvertrauen in das Leben vermittelt, das es mir leichtmacht, gelassen zu sein.

Nachdem mein Buch »Don't worry, be fifty« erschienen war, wurde mir gelegentlich vorgeworfen, ich behandelte das Thema Älterwerden zu schönfärberisch. Das hat mich niemals gekränkt, denn ich sehe ja, wie schwer sich die meisten Menschen damit tun, und ich gebe durchaus zu, dass ich heute – wenige Monate vor meinem 60. Geburtstag – gelegentlich fluche, wenn mir klarwird, dass ich schon einmal eleganter aus dem Auto ausgestiegen bin. Aber generell halte ich die »Geburtstagsängste« für ein Luxusproblem. Ich gehe sogar noch weiter: Wer nicht rechtzeitig die richtige Einstellung zum Älterwerden findet, bleibt in der Oberflächlichkeit des Jugendwahns stecken. Das ist so, als würde man unreifes Obst bevorzugen und an der Rose nur die Knospen, nicht aber die Schönheit der reifen Blütenpracht schätzen.

Sie werden also 50 Jahre alt oder sind es gerade geworden. Sie leben noch! Und wahrscheinlich leben Sie sogar gut, sonst hätten Sie andere Sorgen, als dieses Buch zu lesen. Vielleicht haben Sie das Buch von Menschen geschenkt bekommen, die Sie lieben. Das ist doch ein großes Glück: Es gibt so viele Menschen auf der Welt, die große, existenzielle Sorgen haben, und mindestens ebenso viele, die sich nicht geliebt fühlen. Verschwenden Sie also ruhig einmal einen dankbaren Gedanken an die große Freiheit, in der Sie leben und die Ihnen die Möglichkeit gibt, diesen Geburtstag zu erleben und neugierig auf das sein zu dürfen, was jetzt kommt. Es ist spannend und überwiegend erfreulich, glauben Sie mir. (Ich weiß es, weil ich Ihnen, wie gesagt, schon 10 Jahre voraus bin!)

ZEN-Seite   *Zuhören Erinnern Nachdenken*

Erinnern Sie sich an den schönsten Kindergeburtstag, den Sie gefeiert haben. Wie alt waren Sie, wo und mit wem haben Sie damals gefeiert, und welche Geschenke haben Sie bekommen? Beschreiben Sie dieses weit zurückliegende Fest:

....

....

....

....

....

Stellen Sie sich vor, Ihr 80. Geburtstag steht bevor. Sie dürfen sich den Ort, den Rahmen und die Gäste aussuchen – und Geld spielt keine Rolle. Beschreiben Sie, wie Sie sich dieses Fest, das in 30 Jahren stattfinden wird, vorstellen:

....

....

....

....

....

Etwas zum Nachdenken

Amnesie/Amnestie:
Ein einziger Buchstabe entscheidet darüber, ob man das Gedächtnis verliert oder die Freiheit gewinnt.

2. Es ist gar nichts Schlimmes passiert!

»Mami, Mami, er hat gar nicht gebohrt!«

Erinnern Sie sich noch an diesen genialen Werbeslogan für Zahnprophylaxe? So wird es Ihnen mit dem 50. Geburtstag auch gehen. Der Zahn der Zeit mag ja durchaus an uns allen nagen – weh tut das noch lange nicht (wenn überhaupt!). Was soll sich auch zwischen dem letzten Tag Ihres 49. Jahres und dem ersten Ihres 50. abspielen? Wenn Sie bisher nicht zum Schlafwandeln neigten, werden Sie höchstwahrscheinlich nicht ausgerechnet in dieser Nacht damit beginnen. Auch das Gespenst von Canterville wird Ihnen nicht erscheinen. Es ist wahrscheinlicher, dass Sie morgens mit einem schweren Kopf aufwachen, weil Sie die Tassen zu hoch gehalten und anschließend zu tief in sie hineingeschaut haben. The same procedure as every year!

Sie sind jetzt also 50 – und nichts ist passiert. Und alles, was vor Ihnen liegt, können Sie selbst zu einem guten Teil selbst bestimmen. Ist das nicht phantastisch? Und es ist wirklich wahr: Sie können Ihr Leben selbst gestalten. Wie sind Sie in Ihrem bisherigen Leben mit Ängsten in Bezug auf bestimmte Ereignisse umgegangen? Ich entscheide mich seit jeher für den einfachsten, kindlichsten Weg und sage mir: »Morgen um diese Zeit ist es vorbei!« Warum soll ich mich wochenlang grämen und ein bestimmtes Ereignis fürchten? Stattdessen lasse ich alles entspannt auf mich zukommen und überbrücke den letzten Tag vor dem Anlass der Besorgnis mit dem Gedanken an das Morgen. Damit möchte ich Sie nicht zu genereller Verdrängung von Problemen auffordern – im Gegenteil. Es ist wichtig, die Dinge, die auf uns zukommen, im Auge zu behalten. Man plant vor einer Urlaubsreise ja auch die Fahrtstrecke und Reisezeit; nur Masochisten fahren sehenden Auges in einen voraussehbaren Stau.

Haben Sie in Ihrer Schul- und Studienzeit unter Prüfungsangst gelitten? Erinnern Sie sich doch einmal an Ihre körperlichen Reaktionen. Wenn Sie so wie ich aus gutem Grund unentwegt zur Toilette liefen, haben Ihr Körper und Ihre Psyche genau richtig reagiert: Erst als die Stunde der Wahrheit unmittelbar bevorstand, wurde Ihr Innerstes nach außen gekehrt, und so konnten Sie, befreit von allen Belastungen und im Wortsinn erleichtert, wenn auch mit zittrigen Knien, an Ihre Aufgaben gehen. Und wieder einmal hatten Sie eine Lebensaufgabe bestanden.

So ist es auch mit diesem runden Geburtstag. Wir sind uns sicher einig: Es werden Ihnen in der Geburtstagsnacht keine Kamelhöcker wachsen, und Sie werden am Morgen kein faltiges Monster im Badezimmerspiegel erblicken. Vielleicht ist Ihr Blick etwas getrübt, weil Sie gar nicht oder zu wenig geschlafen haben. Hängende

Mundwinkel sind eine Willens- und keine Altersfrage – dafür haben wir schließlich jede Menge Gesichtsmuskeln. Trotzdem ist etwas passiert: Sie sind befreit. Befreit von der Sorge, dass Ihnen an Ihrem Geburtstag fürchterliche Dinge widerfahren werden. Aber nicht nur das: Sie sind auch frei. Die Gestaltung dieses neuen Lebensabschnittes liegt in Ihrer Hand. Doch Freiheit verpflichtet ebenso wie Besitz, und Sie gehen sich selbst gegenüber eine Verpflichtung ein. Es gibt zwar durchaus Menschen, die mit Freiheit nicht viel anfangen können und geführt, bevormundet und gegängelt werden wollen. Dazu gehören Sie hoffentlich nicht, denn dann sollten wir unser Gespräch – und das führen wir, während Sie dieses Buch lesen – gleich einstellen, und Sie können das Buch aus der Hand legen.

Wenn Sie also befürchtet haben, ab dem 50. hätten Sie nichts mehr zu tun, alle wesentlichen und erfreulichen Lebensaufgaben seien erfüllt, und vor Ihnen lägen nur noch Routine und Langeweile, dann haben Sie sich gründlich getäuscht. Jetzt geht es nämlich erst los! Ihre bisherigen Gewohnheiten sollten Sie hinterfragen, und Sie werden vieles lernen müssen: lernen, sich selbst zu lieben, im richtigen Moment nein zu sagen, die richtigen Prioritäten zu setzen und stressfrei Freude zu erleben. Es ist harte Arbeit, sich selbst eine Meinung zu bilden, statt die Ansichten anderer Menschen wichtig zu nehmen. Und es ist durchaus anstrengend, seinen Talenten, Anlagen und Erfahrungen gerecht zu werden und der Mensch zu werden, der man eigentlich sein möchte.

Es ist an diesem Geburtstag also weiter nichts passiert – abgesehen davon, dass jetzt die Generalprobe Ihres ganz persönlichen Lebensstückes beginnt. Und Sie spielen die Hauptrolle. Unter Ihrer eigenen Regie. Wenn das keine gute Nachricht ist!

ZEN-Seite *Zuhören, Erinnern, Nachdenken*

Stellen Sie sich vor, Ihr bisheriges Leben wäre ein Theaterstück gewesen: Welches Stück haben Sie bisher aufgeführt? Vielleicht sind es sogar mehrere gewesen? Nennen sie den/die Titel und beschreiben Sie die Rollen, die Sie darin gespielt haben.

....

....

....

....

....

Sie erhalten einen Anruf aus Hollywood. Sie dürfen die Hauptrolle in einer Neuverfilmung Ihres Lieblingsfilmes spielen (Alter und Zeit spielen dabei keine Rolle). Welchen Film würden Sie wählen und warum gerade diesen?

....

....

....

Etwas zum Nachdenken

Der Zeit ihre Kunst.
Der Kunst ihre Freiheit.
Gustav Klimt

3. Es muss nicht immer der Mount Everest sein

Sie können das Biwak unterhalb des Gipfels verlassen und zurück ins Basislager kommen. Dort gibt es heißen Tee, warme Decken und endlich wieder genügend Sauerstoff, um richtig durchatmen zu können. Und es warten Menschen auf Sie, mit denen endlich wieder Gespräche in vollständigen Sätzen möglich sind. Sie wissen nicht, wovon ich rede? Na, von Ihrem Karriere-Trip! Und davon, dass Sie sich mit Erreichen Ihres 50. Geburtstags weitgehend von Ihren Gipfelstürmerambitionen verabschieden können – oder dürfen, eigentlich das passendere Wort. Der verbissene Kampf um jede Karrierestufe, um jeden neuen Titel und jeden neuen Rekord ist nun mit ziemlicher Wahrscheinlichkeit sinnlos geworden. Die alten »Silberrücken« im Vorstand haben die Stäbe des Karriere-Staffellaufs schon längst viel Jüngeren zugedacht (die widersprechen nicht so oft und haben auch viel weniger Skrupel, Dinge zu tun, die unsereins den »Schweiß des Gewissens« auf die Stirn treiben!). Weinen Sie der nicht erreichten »ganz großen« Karriere bloß keine Träne nach. Oder halten Sie es wirklich für erstrebenswert, als »Heuschrecke« beschimpft zu werden? Oder morgens in einem Hotelzimmer aufzuwachen und nicht zu wissen, in welcher Stadt, in welchem Land, auf welchem Kontinent Sie sich gerade befinden?

Aber auch die ein paar Nummern kleinere Karriere ist nicht immer das Nonplusultra des Lebens. Wer einmal beobachtet hat, wie Träger und Trägerinnen von grauen Anzügen und Geschäftskostümen in gedeckten Farben an den Flughafen-Gates mit maskenhaften Gesichtern auf ihren Abflug warten, in der Hand große und kleine Aktenkoffer, gefüllt mit Wichtigkeiten aller Art, der mag bezweifeln, dass es sich dabei überwiegend um lebensfrohe Menschen handelt. Ich jedenfalls verbinde mit den Begriffen »entspannt« und »wohlgelaunt« etwas anderes.

Ich habe noch einen Trost für Sie: Wenn es Ihnen in Ihrem Karrierestreben wirklich um uneingeschränkte Macht gegangen wäre, hätten Sie Ihr Ziel auch erreicht. Ihr Streben nach Macht wurde wohl durch ein nicht vorhandenes Machiavelli-Gen verhindert. Demnach hat sich Ihr Ehrgeiz, den Gipfel Ihrer Firma oder Institution zu erklimmen (auf dem es bekanntermaßen einsam und recht kalt ist), in Grenzen gehalten. Irgendetwas in Ihnen hat Sie davor bewahrt, auf diese Weise unglücklich zu werden. Es blieb Ihnen vielleicht auch deshalb erspart, weil Sie an anderer Stelle eine viel wichtigere Rolle für die Gesellschaft spielen sollen? Haben Sie sich das schon einmal überlegt?

Vielleicht werden Sie von Ihrer Familie und Ihren Freunden gebraucht – oder umgekehrt?

Es gibt auch noch eine ganz andere Möglichkeit: Es könnte doch sein, dass Sie nicht ganz oben an der Spitze des Unternehmens, sondern genau in Ihrer Position wichtige Aufgaben zu erfüllen haben. Öfter, als man gemeinhin denkt, sind es Menschen aus dem mittleren Management, ganz »normale« Sachbearbeiter oder erfahrene Facharbeiter, die Fehlentscheidungen gravierender Art verhindern, indem sie Einspruch erheben und zum richtigen Zeitpunkt die richtigen Argumente vorbringen. In dieser bescheideneren Position können Sie möglicherweise Arbeitsplätze retten, die Sie als Topmanager vielleicht sogar abgebaut hätten.

Das sind natürlich Gedankenspielereien, mit denen ich Sie aber nicht nur über Ihre Geburtstagsängste hinwegtrösten möchte. Es geht mir eher darum, dass wir alle einmal darüber nachdenken, warum Menschen die große Karriere machen wollen. Es geht dabei entweder um Macht oder um Geld – oder um beides. Dagegen ist nichts zu sagen, wenn Macht und die damit verbundene Gestaltungsfreiheit zum Wohle aller Betroffenen genutzt wird (was leider viel zu selten vorkommt). Dass Geld eine gewisse Freiheit mit sich bringt, ist eine Tatsache. Doch so mancher in diesen lichten Höhen hat gar keine Zeit mehr, es sinnvoll auszugeben. Wir können alle nur von einem Teller essen!

Wenn Sie also die ganz große Karriere nicht mehr machen werden – freuen Sie sich! Erstens sind Sie nun den damit verbundenen Stress und Druck los, und zweitens können Sie jetzt innehalten und endlich einmal in Ruhe um sich schauen. Wollten Sie sich nicht immer schon ehrenamtlich engagieren? Aber auch im »Brotberuf« gibt es genügend Bereiche, in denen sich jeder von uns sinnvoll engagieren kann: Sie könnten sich der jungen Leute in Ihrer Firma annehmen, die einfach ins kalte Wasser des Arbeitslebens geworfen werden, oder »Pate« eines Schulabgängers werden, der verzweifelt eine Lehrstelle sucht. Es gibt viele dringende Aufgaben, die kaum jemand wahrnimmt. Warum also der großen Karriere auch nur eine einzige Träne nachweinen?

ZEN-Seite   *Zuhören Erinnern Nachdenken*

Welche berühmte, mächtige (lebende) Persönlichkeit bewundern Sie uneingeschränkt wegen ihrer großen beruflichen Leistung (Künstler sind ausgenommen)? Beschreiben Sie, warum das so ist:

....

....

....

....

....

Wenn Sie zwei Wochen in Ihrer Firma die Verantwortung tragen würden und alle Macht in Händen hätten, welche drei Dinge würden Sie als Erstes (auf legale Weise) verändern?

....

....

....

....

....

Etwas zum Nachdenken

Zahme Vögel singen von Freiheit.
Wilde Vögel fliegen.

4. Es darf auch manchmal Kaviar sein …

… aber jeden Tag? Das wäre schrecklich eintönig, von den Kosten einmal ganz abgesehen. Als ich in meinen Beruf kam und anfing, Karriere zu machen, musste ich mich erst einmal total umstellen. Bei uns zu Hause gab es weder Kaviar noch Lachs, und auch der Esstisch war nicht mit mehreren Wasser- und Weingläsern einge-deckt. Als Pressechefin eines großen Verlags mit interna-tionalen Verbindungen und Autoren musste ich plötz-lich Essen arrangieren, Menüs auswählen und Weinsorten kennen. Mit der »Kremser Sandgrube«, der einzigen Weinsorte, die ich als junges Mädchen kannte, war da kein Staat mehr zu machen. Ich will mich nicht bekla-gen: Es gibt wahrlich Schlimmeres, als zu lernen, wie man mit Hummer- und Schneckenzangen umgeht und dass Chablis gut zu Austern passt. Ganz abgesehen da-von, dass es für eine Frau im Zweifelsfall noch immer schlau ist, die Auswahl der Weine dem Weinkellner oder dem ältesten männlichen Gast zu überlassen – der eine hat es gelernt, und der andere hat es meist gelebt und fühlt sich zudem geehrt. Warum ich das erzähle? Ich will damit sagen, dass man sich an ein solches Luxusleben keinesfalls gewöhnen sollte. Auch wenn die Zeiten der

»Spesenritterei« weitgehend vorbei sind, darf man das, was aus Repräsentationsgründen beruflich auch heute noch gelegentlich gelebt wird, nicht mit dem eigenen Lebensstandard verwechseln.

Der 50. Geburtstag ist ein guter Anlass, schon einmal den »Bremsweg« zurück ins normale Privatleben zu berechnen. Dabei meine ich nicht nur den Luxus firmenbezahlter Hotel- und Restaurantrechnungen, sondern auch das Tempo, in dem unser Berufsleben – vor allem in Chefetagen – verläuft. Diejenigen, die Karriere gemacht haben, sollten nicht glauben, dass es ewig so weitergeht. Es werden Zeiten kommen, in denen man sich seinen zweiten Morgenkaffee selber kochen muss und keine Telefonverbindung durch ein Fingerschnippen zustande kommt. Auch Fotokopien wird man irgendwann nach dem 60. Geburtstag selber machen müssen, genauso wie man seine Päckchen selber zur Post bringen und seine Flüge selber buchen muss. Und wenn der Computer streikt, kann man nicht mehr die Kollegen aus der EDV-Abteilung anrufen.

Selbst wenn Sie kein Boss sind, dem all diese Privilegien zugutekommen, haben Sie – egal auf welcher Karrierestufe Sie sich befinden – im Berufsleben Vorteile genossen, an die Sie sich gewöhnt haben: sei es der Firmenparkplatz, die Möglichkeit, auf dem Firmencomputer im Internet zu surfen, privat zu telefonieren, den Hausmeister auch einmal für eine private Reparatur (natürlich gegen Bezahlung) zu engagieren oder einen

Firmenrabatt in Anspruch nehmen zu können. Man sollte jedoch wissen, dass sich manche gute Beziehung oder vermeintliche Freundschaft in Wahrheit sehr oft lediglich auf die Position bezieht, die man in der Firma einnimmt (und daher dem anderen von Nutzen sein könnte).

Der 50. Geburtstag kann ein Anlass sein, einmal darüber nachzudenken, wie sehr wir von diesen beruflichen Gewohnheiten und Vorteilen abhängig sind. Ich hatte mit Anfang 30 Gelegenheit, schon einmal die Probe aufs Exempel zu machen. Damals machte ich mich zum ersten Mal selbständig – und hielt es immerhin 10 Jahre durch. Aber dennoch: Der Schock, die »beschützte Werkstatt« eines Konzerns verlassen zu haben, beschäftigte mich monatelang. Ich musste alles, was vorher durch die Nennung des berühmten Firmennamens schon halb erledigt war, nun ausführlich und absolut wasserdicht erklären. Und das, obwohl ich die Branche nicht gewechselt hatte und auch nicht dümmer geworden war. In solchen Zeiten erfährt man übrigens, wo wirklich echte Freunde sitzen.

Als ich mit Mitte 50 erneut den Schritt in die Selbständigkeit wagte, war ich vorbereitet und hatte keine Illusionen: Jetzt war wieder harte Arbeit ohne jede Vorteilnahme angesagt. Allerdings ziehe ich diese Arbeit den Sitzungsmarathons und dem Konferenz-Unwesen der modernen Firmen vor, was unter anderem zum erneuten Ausstieg aus dem sicheren Job geführt hatte.

Heute kann ich meine Zeit wenigstens selbst einteilen und bemerke plötzlich auch wieder, ob es Frühling, Sommer, Herbst oder Winter ist.

Der 50. Geburtstag ist genau der richtige Zeitpunkt, um sich zu überlegen, wie man sich selbst organisieren und später autonom leben kann. So wie man auch beim Autofahren nicht abrupt von 180 Stundenkilometern auf null herunterbremsen kann, so darf man auch nicht unvorbereitet auf den beruflichen Ausstieg zurasen. Das bedeutet nicht, dass sofort große Veränderungen umgesetzt werden müssen. Offene Augen und geschärfte Sinne genügen zunächst vollauf, denn bis zur Rente gibt es noch viel zu tun und zu leisten. Aber: Früh übt sich, wer ein Meister sinnvollen und selbstbestimmten Lebens werden will.

ZEN-Seite   *Zuhören Erinnern Nachdenken*

Von welchen Berufen haben Sie während Ihrer Schulzeit und Jugend geträumt? Haben Sie Ihren Traumberuf auch ergriffen? Wenn nicht, warum nicht?

....

....

....

....

....

....

Stellen Sie sich vor, Sie bekommen zum 50. Geburtstag die finanzielle Möglichkeit, eine Firma zu gründen und sich irgendwo auf der Welt selbständig zu machen: Wie und wo würden Sie das tun?

....

....

....

....

....

....

Etwas zum Nachdenken

Freiheit: Man fragt sich morgens, was man tun soll.
Zwang: Man weiß es.

5. Acht Stunden sind kein Tag

Gehören Sie auch zu denen, die am Samstag oder Sonntag mal ein paar Stunden im Büro verbringen? Und das, obwohl Sie weder der Boss sind noch eine bedeutende Rolle im Unternehmen spielen? Der protestierenden Familie wird mehr oder weniger überzeugend dargelegt, dass Dringendes für Montag vorbereitet werden muss, was man am Freitag einfach nicht mehr geschafft hat.

Ich war so jemand und stellte immer wieder erstaunt fest, mit wie vielen meiner Kolleginnen und Kollegen ich diese schlechte Gewohnheit teilte. Beim Kaffeekochen in der kleinen Küche oder beim Fotokopierer traf man sich dann, verlegen lachend und über die Ausbeuterei der Firma lästernd, die uns dazu brachte, freiwillig unfreiwillig kostbare Freizeit im Büro zu verbringen. Wahrscheinlich wurden nicht alle von der Arbeitsüberlastung angetrieben; manch einer war sicher auch auf der Flucht vor der familiären Wochenendidylle, dem Alleinsein oder auf der Suche nach Informationen, die er in der Hektik des Alltags nicht zu finden glaubte. So konnte es auch schon mal geschehen, dass ein Boss erstaunliche Spuren hinterließ: einen Papierstau am Fotokopierer, der aus zerknitterten, aber immer noch interessanten Gehalts- und Prämienberechnungen bestand.

Angesichts dieser Erkenntnisse – die ich wirklich nicht übersehen konnte – verließ mich auf der Stelle meine Wochenend-Arbeitslust.

Nicht nur über ver- und geschenkte Arbeitsstunden sollte man sich beizeiten Gedanken machen. Ich war damals derart überengagiert, dass ich sogar meinen Resturlaub nicht bis März des Folgejahres abbaute und darüber regelmäßig mit dem Personalchef debattierte.

Ich hielt mich keinesfalls für unentbehrlich, sondern hatte meistens schlichtweg zu wenig Personal in meiner Abteilung. Mit meinem 50. Geburtstag (in Verbindung mit einem ganz besonderen Kurzurlaub) ging mir endlich auf, wie viel Zeit ich verschwendete, und ich begann, über die wahren Gründe dieser Missachtung von Freiheit und Freizeit nachzudenken.

Spätestens am 50. sollte das jeder tun.

Was veranlasst einen Menschen, seine dringend benötigte Erholungszeit nicht zu nutzen? Man sollte die Möglichkeit, den ganz persönlichen, privaten Horizont zu erweitern, statt den beruflichen Tunnelblick immer mehr zu verengen, nicht unterschätzen. Es geht also in der Freizeit auch um geistige Regeneration. Warum halten so viele Menschen Firma und Beruf für wichtiger als ihre eigene Gesundheit und ihr Privatleben? Hier sind ehrliche Analysen gefragt. Ein Grund könnte sein, dass man sich selbst ständig überfordert und sich in krankhaft automatisiertem »Schwung« befindet – wie in einem Hamsterlaufrad. Jede Tempominderung wird als Qual empfunden. Wenn das in Ihrem Fall zutrifft, herrscht bereits Alarmstufe Rot. Ähnliches gilt übrigens auch, wenn Sie zwar am Wochenende nicht ins Büro gehen, sich aber gedanklich dort befinden.

Ein weiterer Grund könnte ein unbefriedigendes, langweiliges Privatleben sein. Das kann man ändern – man hat sein Leben schließlich in der Hand. Selbst ein fehlender Partner ist keine Ausrede, denn den wird man sicher nicht am Wochenende im Büro kennenlernen, schon eher bei einer Sportveranstaltung, in einer Galerie oder beim Surfen und Chatten im Internet.

Vielleicht nimmt man sich selbst auch gar nicht mehr wahr oder hält sich nicht für wichtig genug, um sich ab und zu eine »Wartung« zu gönnen. Mit anderen Worten: Man liebt sich nicht.

(Ich gebe ganz offen zu, dass es in meinem Fall der erste Grund war, in Verbindung mit einer überzogenen Vernarrtheit in meinen Beruf und einem ebenso übertriebenen Verantwortungsbewusstsein.)

Der 50. Geburtstag ist der ideale Anlass, um zu lernen, dass acht Stunden (und mehr) nicht unsere Lebenstage ausmachen. Die restliche Zeit zwischen Mitternacht und Mitternacht darf nicht zum lästigen Drumherum um unsere berufliche Tätigkeit werden. Wir leben nicht, um zu arbeiten – so banal diese Feststellung auch klingen mag, wahr ist sie trotzdem. Viele in unserem Alter regen sich endlos über die Jüngeren, die sogenannte Spaßgeneration, auf und vergessen, dass wir selbst und unser Verhalten der Auslöser dafür sind. Kinder, die sich selbst überlassen werden und ihre Väter oder sogar beide Elternteile nur sporadisch zu Gesicht bekommen, ziehen natürlich ihre Schlüsse aus dieser Situation. Und sie werden es bestimmt nicht genauso machen wollen.

Verzichten Sie auf sinnentleerte Automatismen – verschenken Sie nicht Ihre Zeit an Arbeitgeber, nur weil Sie vielleicht verlernt haben, Besseres mit ihr anzufangen. Es ist zudem gedankenlos und undankbar den Generationen gegenüber, die gegen Ausbeutung gekämpft haben.

Wann, wenn nicht jetzt, sollte man den Fuß vom Gaspedal nehmen und lernen, dem Kaiser zu geben, was des Kaisers ist? Der Kaiser sind Sie – nicht der Staat und nicht Ihr Arbeitgeber. Das ist ein höchst erfreulicher Lernprozess, Sie werden sehen. Gutes Leben will gelernt sein.

ZEN-Seite   *Zuhören Erinnern Nachdenken*

Haben Sie jemals in Ihrem Arbeitsleben »blaugemacht«, nur weil Ihnen danach war? Wenn ja, beschreiben Sie, warum und wie Sie sich dabei (und danach) fühlten:

....

....

....

....

....

Stellen Sie sich vor, Sie könnten die gesamte, noch vor Ihnen liegende Lebensarbeitszeit völlig selbständig einteilen. Was würden Sie tun?

....

....

....

....

....

Etwas zum Nachdenken

Ich bin der festen Überzeugung, dass kein Mensch seine Freiheit verliert, es sei denn durch seine eigene Schwäche.
Mahatma Gandhi

6. Mensch ärgere dich nicht …

Kennen Sie den berühmten »dicken Hals«? Das Adrenalin schießt spürbar in die Blutbahn, und das Temperament kocht hoch. Man muss kein leidenschaftlicher Südländer sein, um sich im Zusammenleben und -arbeiten mit vielen Menschen auch mal zu ärgern. Wo viele verschiedene Charaktere und Persönlichkeiten auf relativ engem Raum zusammen sind, bleiben Reibereien und Animositäten selbstverständlich nicht aus. Und wer von uns hat sie nicht schon alle kennengelernt, die verschiedenen Chef- und Kollegentypen.

Da gibt es die Dulder, die immer nur herunterschlucken und das mit Magenbeschwerden büßen, was sich in scharfen Längsfalten im Gesicht zeigt (die sich aber bei unsereins ausheulen); oder die Unbeteiligten, denen alles egal zu sein scheint, weil sie sowieso schon längst innerlich gekündigt haben (und die man zu keiner solidarischen Aktion bewegen kann); auch die berühmten Blödler und Clowns, die sich in den Humor flüchten und jedes Problem zerreden (so dass es immer wieder neu auftaucht, weil es allein durch Witze nicht gelöst wird), sind schon jedem von uns begegnet und auf die Nerven gegangen. Es gibt Arbeitstage, an denen man sich des Eindrucks nicht erwehren kann, sie alle hätten es darauf abgesehen, uns den Tag und die Laune zu versauen.

Ich war zwar angeblich ein ruhiges, nachdenkliches Kind, aber trotzdem wurde ich gelegentlich als »Zornbinkerl« bezeichnet, was auf Hochdeutsch so viel heißt wie »zorniges Päckchen«. Ich verlor wohl schon früher relativ schnell die Geduld mit anderen, und ich fürchte, diese Untugend der negativ gefärbten Zielstrebigkeit habe ich als Erwachsene beibehalten – jedenfalls sagt man mir nach, ich sei relativ schnell auf 180. Mit solchem Temperament ausgestattet, ist man in großen Teams harten Charakterproben ausgesetzt. Natürlich lernt man schnell, nicht gleich und sofort loszupoltern, sondern sich höflich im Zaum zu halten, was doppelt anstrengend und auch gelegentlich nicht ganz zu verbergen ist. Aber wohin mit all dem aufgestauten Adrenalin? Ich kann mich an Tage erinnern, da kroch ich vor Erschöpfung fast auf allen vieren aus dem Büro. Na ja, das ist – meinem Temperament entsprechend – etwas übertrieben, aber immerhin war ich ziemlich fertig. Aber nicht wegen meines »Kerngeschäfts«, wie man das heute wohl nennt, sondern wegen des Ärgers über Dinge, die ich nicht ändern konnte. Diesen Ärger musste ich mit Gewalt im Zaum halten. Ich griff zu absurden Lösungen, rannte zum Beispiel wutentbrannt bei Matsch- und Schneewetter 20 Kilometer zu Fuß nach Hause, stürzte mich in sinnlose Einkaufsorgien oder arbeitete stundenlang nachts. Irgendwann wurde mir klar, dass diese autoaggressiven Aktionen nicht die Lösung sein konnten. Ich begann, die gegen mich selbst gewandten Wut- und Zornattacken genauer zu betrachten. Und siehe da: Objektiv beurteilt waren 90 Prozent davon völlig überflüssig.

Damals, mit Anfang/Mitte 50, habe ich endlich (!) begriffen, dass man weder Bosse noch Kollegen dazu bringen kann, die eigenen Vorstellungen von Perfektion – die im Übrigen nicht immer richtig sein müssen – und die eigenen Vorstellungen der Wege zum Ziel zu teilen. Mir wurde klar, dass es im Leben manchmal genügen muss, vor seiner eigenen Aufgaben-Tür ordentlich gekehrt zu haben. Und ich musste aufhören, mich für Dinge verantwortlich zu fühlen, die ich bei bester Absicht und beim besten Willen nicht beeinflussen kann.

Das ist meiner Erfahrung nach eine der wichtigsten Erkenntnisse der Jahre ab 50: Man kann niemanden ändern, außer sich selbst. Mit dieser Gewissheit ausgestattet, kann jeder von uns seine Alltagsärgerquote radikal herunterschrauben. Das muss nicht mit Resignation oder Gleichgültigkeit einhergehen – im Gegenteil, das wäre fatal, weil es Ihre eigenen Ergebnisse schmälern und Ihnen vor allem jede Freude an den Ihnen übertragenen Aufgaben nehmen würde.

Aber überlegen Sie einmal: Ist es wirklich notwendig, in einen nicht erfolgten Morgengruß oder sonstige Launen anderer irgendetwas hineinzuinterpretieren? Muss man sich wirklich aufregen, weil Kollegin X jedes Mal einen Papierstau am Kopierer hinterlässt? Sie müssen es richten, falls Sie fotokopieren wollen – ob Sie sich ärgern oder nicht. Und wenn Sie einen Boss haben, der mit einem mittleren Gesamtergebnis zufrieden ist, obwohl Sie und Ihr Team Vorschläge für Besseres gemacht (und begründet) haben, dann ist es seine Sache. Vielleicht ist sein Nachfolger aufgeschlossener?

Vielleicht kommen Sie aber – so wie ich – über die Lösung der Ärger-Frage zu ganz neuen Erkenntnissen und fangen zum Beispiel noch einmal etwas ganz Neues an? Gut, das ist in den Augen vieler Menschen eine Frage des Mutes. Sicher ist: Wenn Sie sich nicht über alles sofort aufregen, erlangen Sie eine Gelassenheit und ansteckende Sicherheit, die wohltuend auf andere ausstrahlt. Das sind schon einmal zwei wichtige Punkte, die zum Erfolg führen.

Holen Sie doch einfach mal das alte »Mensch ärgere dich nicht!« aus dem Keller (oder, wenn Sie eine höhere »Dosierung« bevorzugen, das »Monopoly«), und fangen Sie an zu trainieren.

ZEN-Seite   *Zuhören Erinnern Nachdenken*

Was war Ihr peinlichstes Erlebnis im Leben, bei dem Sie Ihr
Temperament und Ihren Ärger nicht im Zaum halten konn-
ten? Beschreiben Sie dieses Erlebnis und überlegen auch, wie
Sie sich heute in derselben Situation verhalten würden:

....

....

....

....

Stellen Sie sich vor, es wäre Ihnen erlaubt (ohne negative Folgen), an einem ganz bestimmten Menschen aus Ihrer beruflichen (oder privaten) Umgebung Ihre womöglich schon lange aufgestaute Wut und Ihren Zorn auszulassen. Wer fällt
Ihnen da spontan ein und warum?

....

....

....

Etwas zum Nachdenken

*Toleranz, die von der Freiheit stammt, ist ein Himmelskind
und der schönsten eines, aber die Toleranz, die nichts ist als
Umschreibung des Satzes »alles ist schließlich ganz egal«, die
mag der Teufel holen.*
Theodor Fontane

7. Von süßen und von sauren Früchten

Unannehmlichkeiten aus dem Weg zu gehen ist eine zutiefst menschliche Eigenschaft. Allerdings hat sie nicht die angestrebte Harmonie zur Folge, sondern lediglich neuen Verdruss. Das ist eine Tatsache, die nur die wenigsten Menschen in ihren ersten vier Lebensjahrzehnten gerne zur Kenntnis nehmen. Ich kann ein Lied davon singen.

Mit Anfang 40 war ich in einer Lebenssituation, die man ohne Übertreibung als »zusammenstürzendes Kartenhaus« bezeichnen konnte: Eine eigene Firma, die in Auflösung begriffen war, eine kaputte Ehe und ein mehr als problematisches (»Liebes«-)Verhältnis – all das erwartete mich, wenn ich mich morgens aus dem Bett quälte. Katastrophen in allen Bereichen des Lebens – und meine Reaktion auf dieses Tohuwabohu war ein absoluter Rückzug. Ich kam zwar tagsüber mit äußerster Anstrengung – sicher mehr schlecht als recht – meinen Verpflichtungen nach, rettete mich aber abends mit letzter Kraft in meine »Burg«. Rückblickend möchte ich diese Zeit dennoch nicht missen, denn sie hat wesentlich zu meiner Persönlichkeitsbildung beigetragen. Ich beschäftigte mich zum ersten Mal intensiv mit Lyrik, hörte Musik, die ich bis dahin als langweiligen Klassikkram abgetan hatte, und las viele Bücher von Autoren, die man mir in meiner Schulzeit gründlich vermiest hatte. All die Liebe, die das »Schicksal« mir entzogen hatte, bekam ich über diese Quellen bis zum heutigen Tag reichlich zurück.

Allerdings führten diese Augen- und Ohrenorgien, die ich teilweise höchst romantisch bei Kerzenschein regelrecht inszenierte, dazu, dass ich den Rest der Welt völlig ausblendete. Post öffnete ich prinzipiell nicht mehr, und plötzlich stand eines Abends der Gerichtsvollzieher vor meiner Tür – wegen einer Rechnung über knapp 200 D-Mark, die ich trotz dritter Mahnung nicht bezahlt hatte. Das lag nicht am Geldmangel, sondern an der nicht geöffneten Post. Als ich nach ein paar Wochen aus dem Meer der tröstenden Künste auftauchte und meine Aufmerksamkeit wieder den banalen Dingen des Alltags zuwandte, saß ich vor einer mit Briefen prall gefüllten Schublade, in die ich alle Rauchzeichen der äußeren Welt geschoben hatte, ohne auch nur einen Blick auf die Absender zu werfen. Von einem meterhohen Stapel Päckchenpost ganz zu schweigen. Ich hatte Aufräum- und Wiedergutmachungsarbeit für Wochen.

Warum ich diese extreme Geschichte erzähle? Weil ich durch sie gelernt habe, dass es zwingend notwendig ist, potenziell unangenehme Dinge sofort zu erledigen. Liegenlassen und vor sich herschieben macht überhaupt nichts besser. Aber – wie wir alle wissen, ist der Mensch vergesslich. In den letzten Stressjahren meines Angestelltendaseins ertappte ich mich immer öfter dabei, dass ich um »schwierige« Dinge große Bögen machte und mich lieber den erfreulichen Vorgängen widmete. Als dann auch mal etwas auf dem Schreibtisch »anbrannte«, erinnerte ich mich an die Ära des Poststapelns und gewöhnte mir an, Unangenehmes sofort zu erledigen.

Meine Großmutter hatte einen Spruch parat, wenn wir Enkelkinder uns zugunsten von Annehmlichkeiten um irgendetwas Unangenehmens herumdrückten: »Wer den Süßling mag, muss auch den Säuerling mögen!« Damit war gar nicht das Belohnungsprinzip gemeint, sondern die Tatsache, dass alle Dinge zwei Seiten haben. Es gibt gute Kunden, und es gibt schwierige Kunden – beides sind Kunden. Es gibt angenehme Aufgaben im Berufsalltag, und es gibt ungeliebte, lästige. Die Freudespender den Unguten immer vorzuziehen, bringt das Gleichgewicht des Emotions- und Zeithaushalts auf eine Art und Weise durcheinander, dass man es kaum für möglich hält.

Das gilt selbstverständlich auch für das Zusammenleben mit Menschen, egal ob privat oder beruflich. Wenn die Frage »Hast du was?« im Raum steht, stimmt meistens irgendetwas nicht. Selten ist der Fragende übersensibel oder selbst in einem Ausnahmezustand; meistens passt dem Angesprochenen etwas nicht, aber er ist zu feige, es offen anzusprechen. Vielleicht ist es auch nur ein Gefühl, von dem er nicht weiß, wie er es verbalisieren soll. Also entsteht eine ungute Stimmung, die das Zusammensein belastet.

Im beruflichen Leben ist es nicht anders. Hier lautet die Frage allerdings sachbezogen »Ist etwas?«. Wer Unangenehmes in sich hineinfrisst, kann dem Verursacher nicht mehr in die Augen schauen, verändert sich und sein Verhalten, was nur neue Unbill nach sich zieht. In solchen Situationen im Arbeitsleben verdichtet sich schlechte Stimmung, bis es plötzlich zur Explosion, zum Streit kommt.

Es ist »nicht alle Tage Sonntag«; diese Lektion lernt man mit 50. Das Verdrängen von Problemen hat in einem Erwachsenenleben – und das beginnt in diesem Alter unweigerlich – nichts zu suchen. Die Belohnung dafür ist eine »saubere Luft«, und man kann wieder frei und unbelastet atmen und lachen. Damit beginnt die Zeit des inneren und äußeren aufrechten Ganges. Man wächst.

ZEN-Seite   *Zuhören Erinnern Nachdenken*

Für welche mutige Frauenfigur oder welchen männlichen Helden aus der (Jugend-)Literatur haben Sie in Ihrer Kinderzeit geschwärmt? Wen haben Sie bewundert und als Vorbild genommen? Beschreiben Sie auch, warum:

....

....

....

....

....

Stellen Sie sich vor, Sie dürften festlegen, wer den nächsten Friedensnobelpreis bekommt. Wen würden Sie auswählen und warum?

....

....

....

....

Etwas zum Nachdenken

Jeder bewundert den Mut des anderen und findet seine Freiheit edel; treffen beide ihn, dann erregen sie seinen Zorn.
Augustinus

8. Klartext ist angesagt

Kennen Sie aus Ihrer Kindheit auch das Vertrauensspiel »Mund auf, Augen zu …«? Die Mutter legte uns dann irgendeine Leckerei auf die Zunge, mit der sie uns Kinder überraschen wollte – eine besondere Praline oder ein kleines Stück Gebäck, das es nicht jeden Tag gab. (Auch erwachsene Männer, die gerne kochen, spielen dieses Spiel heute noch und lassen dann raten, um welches Gericht oder welche Zutaten es sich handelt.) Auf so etwas lässt man sich natürlich nur ein, wenn man dem anderen blind vertraut. Außerhalb der eigenen vier Wände und der Umgebung von geliebten Menschen ist von dieser Art Spiel abzuraten.

Vertrauen hat etwas mit Sicherheit und Verlässlichkeit zu tun. Vertrauen ist ein kostbares Gut, das sich Fremde bei jedem von uns erst erarbeiten müssen. Das ist ein langwieriger Prozess, denn wir alle haben uns schon früh angewöhnt, unsere »Visiere« vor Außenstehenden möglichst lange geschlossen zu halten.

Es gibt jedoch ein Mittel, diese lange Phase des sich Beobachtens und des Abwägens erheblich zu verkürzen: Offenheit und klare Worte. Das klingt in Ihren Ohren ganz selbstverständlich? Ist es aber nicht. Es beginnt schon damit, dass heute ein Neuling in einer Firma am ersten Tag zwar oft namentlich vorgestellt wird – mehr aber auch nicht. Was dieser Mensch bisher gemacht hat, woher er kommt, wissen meist nur die Personalabteilung und die Abteilungsleiter. Und die halten es nicht für notwendig, den Rest der »Welt« zu informieren, was ein elementares Gebot der Höflichkeit wäre. Da arbeitet also eine Neue oder ein Neuer, ist vielleicht zu zurückhaltend oder zu schüchtern, um ungefragt etwas über sich zu sagen, sitzt schon seit Tagen mitten unter den anderen wie verloren, weil scheinbar keiner etwas über sie oder ihn wissen will. Da aber Menschen im Normalfall neugierig sind, behilft sich die Kollegenschaft bald mit rätselndem Getuschel, woraus erfahrungsgemäß schnell haltlose Gerüchte werden können. So kann man einen Neuanfang gründlich verderben und gegenseitiges Vertrauen verhindern. In höheren Etagen ist das nicht anders. Ich habe schon neue Bosse erlebt, die sich wochenlang nicht persönlich bei der Belegschaft vorgestellt haben. Bei solch einfachen Dingen fängt das Problem aufgrund mangelnder Offenheit und Klarheit an – doch da hört es noch lange nicht auf.

Wir leben in Zeiten von politischer Korrektheit, die uns allerdings in vielen Bereichen mittlerweile zum Verhängnis wird. Ein Wortungetüm wie »Handlungsbedarf«, das uns täglich in den Fernsehnachrichten serviert wird, ist das beste Beispiel für die gegenwärtige Verklausulierungs- und Verschleierungswut: Früher hätte man stattdessen schlicht »Da muss dringend etwas getan werden!« gesagt. Dass man heute oft dreimal überlegt, wie man sich korrekt ausdrückt, wenn man von schwarzen, jüdischen oder Menschen muslimischen Glaubens reden will, dass uns Wortschlangen wie »Mitbürger mit Migrationshintergrund« zugemutet werden, obwohl es doch keine Beleidigung ist, als Einwanderer, Zuwanderer oder als Ausländer bezeichnet zu werden, sei nur nebenbei bemerkt. Was ist in einer Gesellschaft los, in der man als Normalmensch das Wort »Ausländer« nicht mehr benutzen mag, weil man Angst hat, sich verdächtig zu machen und als ausländerfeindlich oder rechtsradikal abgestempelt zu werden? Ein harmloseres Beispiel: Bis heute ist mir nicht klar, warum das alte »Arbeitsamt« unbedingt in »Agentur für Arbeit« umbenannt werden musste. Soll das an den Chic einer Model- oder Werbeagentur erinnern? Jeder, der schon einmal in einem Arbeitsamt war – vor oder nach der Umbenennung –, weiß, dass Amt eben in jeder Beziehung Amt bleibt, egal wie es heißt. Wer will uns denn da manipulieren – und weshalb?

Diesen Wort- und Bezeichnungskrampf hat offenbar inzwischen die halbe Welt infiziert und basiert darauf, dass jeder immer gut dastehen und keinesfalls missverstanden werden will – wo doch genau das Gegenteil der Fall ist. Kaum jemand versteht mehr, was wann genau wirklich gemeint ist. Offenheit braucht jedoch klare Worte. Klare Worte sind nicht mit Beleidigung zu verwechseln, denn sie sind wohlgewählt. Unsere Sprache ist reichhaltiger als der ärmliche Wortschatz, den unsere Medien gemeinhin verwenden, um uns nicht zu überfordern. Klare Worte beschreiben exakt, worum es geht, verletzen niemanden, dürfen auch durchaus diplomatisch sein und sind deshalb noch lange nicht verlogen. Die Zeiten, in denen nur in den eigenen vier Wänden oder unter Freunden offen gesprochen werden kann, sollten in einer Demokratie gar nicht erst anbrechen. Der Sprachkrampf wird von Menschen gefördert, die keine Verantwortung übernehmen wollen und die sich nur für ihre Belange interessieren. Wer ein Problem hat, hat keinen »Gesprächsbedarf« (den hat man vielleicht nach Exerzitien in einem Schweigekloster), sondern »ein Problem, über das er sprechen will«. So einfach ist das. Mit 50 beginnt die Lebensphase der klaren, offenen Rede. Schluss mit der babylonischen Sprachverwirrung – Klartext ist angesagt.

ZEN-Seite *Zuhören Erinnern Nachdenken*

Haben Sie schon einmal ein großes, peinliches Missverständnis erlebt, über das Sie niemals reden würden? Beschreiben Sie, wie es dazu gekommen ist und wie Sie damit umgegangen sind:

....

....

....

....

....

Stellen Sie sich vor, Sie dürften einer Ihnen höchst unsympathischen Person in einer vom Fernsehen übertragenen Rede ganz offen und völlig ungeschminkt sagen, was Sie von ihr halten (und warum). Welche Person würden Sie auswählen, und was würden Sie ihr sagen?

....

....

....

....

Etwas zum Nachdenken

Wenn Worte ihre Bedeutung verlieren, verlieren Menschen ihre Freiheit.
Konfuzius

9. Menschen braucht das Land

Jeden Tag werden auf der ganzen Welt unzählige Entscheidungen getroffen, die alle Folgen haben. Sicher kennen Sie den Spruch, dass der Flügelschlag eines Schmetterlings ein Erdbeben auslösen kann. Oder – weniger poetisch ausgedrückt – dass es nicht interessant ist, wenn in China ein Sack Reis umfällt. So absurd diese Bilder auch zu sein scheinen, ganz verkehrt sind sie nicht. Denken Sie nur daran, wie viel schlechte Laune und Streit ein Vorgesetzter im Privatleben seiner Untergebenen auslösen kann, nur weil er Entscheidungen trifft, deren Folgen weit über den normalen Berufsalltag hinausreichen. Das haben wir doch alle schon erlebt: Von langer Hand geplante Verabredungen werden nicht eingehalten, nur weil einem Boss »spontan« einfällt, um siebzehn Uhr noch rasch eine Konferenz einzuberufen.

Da sitzt die ganze Familie im Restaurant, um das brillant bestandene Abitur des Juniors zu feiern – nur das Familienoberhaupt fehlt, weil dessen Arbeitgeber genau an diesem Spätnachmittag ausführlich über die Anschaffung einer neuen Computeranlage diskutieren will, dabei liegt das entsprechende Vorbereitungspapier schon seit drei Wochen unbeachtet auf den Schreibtischen der Oberen. Wie der Teufel es will – genau an diesem wichtigen Familientag gibt es »Gesprächs-bedarf«. Dass das vom Chef verordnete, dreitägige Fort-bildungsseminar ausgerechnet in der zweiten Woche des Sommerurlaubs stattfindet, führt zu endlosen und unerfreulichen Diskussionen mit der Personalabteilung, der die Urlaubsplanung aller Mitarbeiter zwar schon seit Monaten vorliegt, die das Seminar dennoch genau in dieser Urlaubszeit gebucht hat. Wenn man sich dann auch noch sagen lassen muss, die (notwendige) Absage deute ja ziemlich klar darauf hin, wie wenig Interesse man an seinem Job habe, wird selbst der friedlichste Mensch die Geduld verlieren.

Jeder, der innerhalb einer Firma Verantwortung trägt, trägt sie auch für deren Mitarbeiter. Mit Erreichen des 50. Geburtstages kann man keinem Chef mehr derartige Unachtsamkeiten nachsehen. Von jedem Berufstätigen mit ein wenig Berufserfahrung – egal ob Chef oder mitt-lerer Angestellter – muss man ein gewisses Maß an Um-sicht und Weitblick verlangen können, damit solche Pannen nicht passieren. Es genügt, die Übersicht über Organisationsabläufe im Kopf zu haben und seine Mit-arbeiter nicht als Schachfiguren zu betrachten.

Eine der wichtigsten Aufgaben, die das Erreichen der »reiferen Jahre« mit sich bringt, ist, ein denkender, ein mitdenkender Mensch zu sein oder zu werden. Natür-lich wäre wünschenswert, dass das schon vorher der Fall ist, aber spätestens die ersten grauen Haare und Lach-fältchen verpflichten geradezu zur »Menschwerdung«.

Damit wir uns nicht missverstehen: Die Verpflichtung zu einer gewissen Achtung der Rechte und Belange anderer hat nichts mit politischen Einstellungen zu tun und ist absolut frei von alten klassenkämpferischen Zöpfen. So wie wir als Kinder gelernt haben, kein Brot wegzuwerfen oder in öffentlichen Verkehrsmitteln älteren Menschen den Sitzplatz anzubieten (keine Sorge, 50-Jährige erleben so etwas noch nicht oder zumindest selten!), so hat man als Erwachsener eben Rücksicht auf andere zu nehmen. Nicht das höhere Gehalt, nicht der Stellplatz in der Tiefgarage und nicht die Bahnfahrt erster Klasse machen einen Vorgesetzten aus, sondern die Art, wie er sich als Mensch verhält.

Immer wieder wird in unserem Land über Werte diskutiert, womit meist hehre Verhaltensweisen und Ziele gemeint sind. Dabei wäre schon viel getan, wenn wir uns alle auf eine Basishöflichkeit und gewisse Selbstverständlichkeiten im Umgang miteinander einigen könnten. Ein Morgengruß und eine Verabschiedung beim abendlichen Verlassen des Büros sind längst nicht mehr überall selbstverständlich – übrigens ganz unabhängig von Hierarchien. Bei solchen »Kleinigkeiten« beginnt es, das Mensch-Sein, von dem hier die Rede ist. Und davon hängen letzten Endes nicht nur Arbeitsatmosphären (also gute Lebenszeit), sondern auch Betriebsergebnisse (und damit Arbeitsplätze) ab.

Wenn Sie zu jenen Menschen gehören, die in ihrer Firma mehr zu sagen haben als »Guten Morgen«, »Mahlzeit« und »Schönen Feierabend«, dann sollte Ihnen jetzt – anhand dieses Geburtstages – bewusst werden, dass Sie Verantwortung dafür tragen, mit welchen Gefühlen Ihre Kollegen zur Arbeit gehen und in welchem seelischen Zustand sie ihren Arbeitsplatz abends wieder verlassen. Ganz egal, wie weit oben in der Hierarchie Sie stehen: Graue Schläfen verpflichten! Das ist ein gutes Gefühl und widerspricht eindeutig dem Gerücht, dass der Einzelne nichts tun kann, um sein und das Leben anderer etwas angenehmer zu gestalten. Das sollten Sie sich in Erinnerung rufen, wenn Sie wieder einmal kopfschüttelnd die Nachrichten des Tages hören.

ZEN-Seite   *Zuhören Erinnern Nachdenken*

Haben Sie schon einmal eine Entscheidung zum Nachteil anderer Menschen getroffen (oder zu einer solchen geschwiegen, obwohl Sie etwas hätten dagegen unternehmen können), für die Sie sich heute schämen? Beschreiben Sie, wie Sie heute damit umgehen würden:

....

....

....

....

Während einer Konferenz macht Ihr Vorgesetzter eine Mitarbeiterin verbal auf unqualifizierte Weise vor versammelter Mannschaft so fertig, dass sie in Tränen ausbricht. Wie würden Sie sich verhalten?

....

....

....

....

Etwas zum Nachdenken

Mach zur Geborgenheit den Tag, in dem ich hänge.
Und drängen Dienst und Zeit, gib Freiheit im Gedränge.
Martin Luther

10. Vom Diener zum Herrn

Mit Schwärmereien und Bewunderungen haben wir unsere Jugendzeit verbracht. Wir hatten Idole. Meistens waren es erfolgreiche Künstler – Sänger oder Schauspieler. Bei dem einen oder anderen hingen sie als BRAVO-Starschnitt sogar an der Wand, als leuchtendes Vorbild für Ruhm, Ehre und fürstliche Einkommen. Spätestens nachdem klar war, dass weder unsere Talente noch unsere Beziehungen für ähnliche Karrieren geeignet waren, haben sich im Lauf des Lebens diese Anhimmeleien gewandelt oder ganz gegeben – spätestens dann, wenn wir es mit außerfamiliären Respektspersonen zu tun bekamen. Wenn man Glück hatte, waren das gute, kompetente Lehrer, später dann Ausbilder oder Chefs. Und wenn man noch mehr Glück hatte, war dieser Respekt nicht mit Angst verbunden, sondern lediglich mit gespannter Aufmerksamkeit und Achtung vor der betreffenden Person. Wie gut und unverbogen man durch diese Lebensphasen gekommen ist, zeigt der gute alte Polizei-Test. Sollten Sie noch heute, als Erwachsener, ein mulmiges Gefühl bekommen, wenn Sie eine Polizeisirene hören oder ein Polizeiauto längere Zeit im Rückspiegel Ihres Autos hinter sich herfahren sehen (vom Gestoppt-und-an-den-Straßenrand-gewunken-Werden gar nicht zu reden), dann haben Sie vielleicht ein Problem mit Autoritäten. (Vielleicht erinnern Sie sich aber auch nur daran, dass Sie das kaputte Rücklicht an Ihrem Auto immer noch nicht haben richten lassen?)

Mit Eintritt ins 6. Lebensjahrzehnt sollte die Lebensphase der Bewunderung spätestens vorbei sein. Ausnahmen sind natürlich Ausnahme-Menschen, Genies. Aber die sind heutzutage ohnedies recht selten. Respekt und Achtung bringt man in unserem Alter längst allen Menschen entgegen und nicht nur denen, die uns aufgrund ihrer Position Anweisungen erteilen oder anderweitig ins Gehege kommen können. Bewunderung hat – im Arbeitsleben und besonders in unserem Alter – etwas Infantiles. Und sie erlaubt uns, untätig zu bleiben: Die Qualität des Bewunderten wird man nie erreichen (denn sonst würde man ihn ja nicht bewundern). Übertriebener Respekt lähmt ebenfalls das Handeln – er ist eine Vorform der Angst. Das alles kann nur zu einem einzigen Schluss führen: Selbst ist der Mensch (edel, hilfreich und gut): Persönlichkeit und Charakter muss man selbst entwickeln, man kann sich beides nicht bei anderen »ausleihen«.

Ihre Geschenke zum 50. Geburtstag sind also Reife und Lebenserfahrung. Sie sind eine Persönlichkeit mit eigenen Standpunkten und Vergleichsmaßstäben, die dabei helfen, richtige Entscheidungen treffen zu können. Sie haben eine eigene Meinung und sind in der

Lage, diese auch an geeigneter Stelle und im richtigen Moment zu vertreten.

Vielleicht fragen Sie sich, warum ich all dies aufschreibe – Sie wissen das doch alles schon? Sind Sie sich da so sicher? Und verhalten Sie sich auch wirklich entsprechend? Wenn das so ist, benötigen Sie keinen Vorgesetzten, der Ihnen in Ihrem Arbeitsgebiet Handlungsanweisungen gibt. Seine Aufgabe ist lediglich, Ihre Arbeit mit der anderer zu koordinieren, die Voraussetzungen zu schaffen, damit Sie Ihre Aufgaben optimal erfüllen können, und zur Verfügung zu stehen, wenn Sie doch einmal Rat und Unterstützung brauchen. So gesehen ist Ihr Chef eigentlich Ihr ganz persönlicher Manager beziehungsweise der Manager Ihrer Arbeit. Nicht mehr und nicht weniger.

Das aber wiederum bedeutet, dass Sie Ihr eigener Boss sind, was ganz bestimmte Verhaltensweisen und Einstellungen voraussetzt. Sie haben es beispielsweise nicht nötig, mit Jüngeren zu konkurrieren. Sie müssen nicht jeden Tag durch einen »eingesprungenen Rittberger« beweisen, was für eine einmalige Nummer Sie sind. Es ist auch nicht notwendig, an jeder Teeküchen-Verschwörung beteiligt zu sein, um auf dem Laufenden zu bleiben. Ihr Outfit muss nicht der neuesten Mode entsprechen, und Sie müssen sich keine überflüssigen Gedanken über erste graue Haare machen. Sie sind Ihr eigener Fels in der Brandung. Aus diesem Stoff sind 50-jährige Menschen gemacht!

Wenn Ihnen all das klar ist – und das sollte es sein –, na dann: Herzlichen Glückwunsch zum Geburtstag!

ZEN-Seite *Zuhören Erinnern Nachdenken*

Welches Idol hatten Sie in Ihrer Jugend, und wie hat sich Ihre Bewunderung ausgedrückt? Beschreiben Sie, welche Emotionen Sie damals hatten und auch, wie Sie heute darüber denken. (Mögen Sie Ihr damaliges Idol heute noch?)

....

....

....

....

Für welche Ihrer Eigenschaften (von denen Sie glauben, sie zu haben) möchten Sie von Ihren Kollegen und anderen Mitmenschen geschätzt werden? Zählen Sie die drei wichtigsten auf:

....

....

....

....

Etwas zum Nachdenken

Stehenbleiben: der Tod
Nachahmen: Knechtschaft
Eigene Entwicklung: Leben und Freiheit
Leopold von Ranke

11. Warum das Wort »nein« glücklich macht

Was hat man uns nicht alles mühsam beigebracht: aufs Töpfchen zu gehen, »bitte« und »danke« zu sagen, zu essen, was auf den Tisch kommt, zu schweigen, wenn Erwachsene (oder Klügere) reden – Dinge, die man – größtenteils – braucht, um sich erfolgreich ins zivilisierte und kultivierte Leben einzugliedern. Wenn man diese Erziehungsregeln – die mehr oder weniger immer die gleichen sind oder waren – aber genauer betrachtet, bemerkt man schnell, dass es im Wesentlichen um Anpassung geht. Jede Form von Erziehung rückt dem Individuum gehörig auf den Pelz. Manchmal tut sie dem kleinen Menschen, der auf das Leben vorbereitet werden soll, regelrecht Gewalt an; mitunter so sehr, dass der persönliche Raum, den jeder Mensch braucht, um eigenständig zu bleiben, nicht mehr gewahrt ist. Das lässt sich natürlich auch konterkarieren, was die antiautoritäre Erziehung mit verheerenden Folgen geschafft hat: Wo vorher Willenlosigkeit aufgrund von Dressur war, hat die Latzhosen-Eltern-Generation kleine, zornige Egomanen produziert. Die Erziehung, die beispielsweise die in den fünfziger Jahren Geborenen erfahren haben, hat williges Stimmvieh oder Rebellen erzeugt. Letztere werden heute als Alt-68er beschimpft, die man für alle Unbill der modernen Welt verantwortlich macht, was einen denkenden Menschen nur zum Lachen bringen kann. Aber das ist eine andere Debatte. Die meisten dieser ehemaligen Revoluzzer sind heute so angepasst wie diejenigen, die Demos nur kopfschüttelnd, brav neben ihren frisch demokratisierten »Erziehern« sitzend, am Fernsehschirm verfolgt haben. Was sie alle verbindet – ob ehemalige Rocker oder Pfadfinder –, ist, dass sie nur unter größter Kraftanstrengung nein sagen können.

Besonders betroffen von dieser verbalen »Beißhemmung« sind vor allem Frauen unserer Altersgruppe. Der Grund: Weibliche Wesen wollen geliebt werden und verbinden das »Neinsagen« mit der Angst vor Liebesverlust. Es war auch für mich das Schwierigste, das ich je lernen musste, zumal wir uns alle immer noch gut an die Strafen erinnern, die drohten, wenn wir als Kinder trotzten und nicht das taten, was von uns verlangt wurde. Das »böse Kind« wurde stundenlang nicht beachtet, was zu Verlassensängsten führte. Diese Bilder tauchen sofort wieder vor unserem inneren Auge auf, wenn wir einem Nachbarn, Freund oder Kollegen etwas abschlagen müssen, weil es mit anderen, eigenen Interessen kollidiert. Die meisten Menschen empfinden das kleine Wörtchen »nein« als etwas Schlechtes – aber das ist falsch. »Ja« und »nein« sind Wörter, die Fragen beantworten, so wie »links« und »rechts« räumliche Positionen angeben. Die Frage »Kannst du heute bitte auf unseren Sohn aufpassen?« wird man gerne bejahen, wenn man nichts anderes vorhat, aber das Treffen mit einer alten Freundin, die nur diesen einen Abend in der Stadt ist, sollte man dafür nicht absagen. Wer in einer solchen Situation in einen seelischen Zwiespalt gerät, macht etwas falsch. Und man darf auch kollegiale Hilfe am späten Nachmittag verweigern, wenn man sich schon seit Mittag darauf freut, endlich in die heiße Badewanne zu kommen, weil alle Knochen weh tun und sich eine Grippe ankündigt. Wer sich ansonsten als hilfsbereiter Kollege erwiesen hat, sich aber aufgrund eines solchen, vernünftig zu begründenden »Neins« vor übler Nachrede fürchtet, leidet unter mangelndem Selbstbewusstsein und zudem unter »Liebessucht«.

Nicht nein sagen zu können, hat tatsächlich mit mangelnder Liebe zu tun – zu sich selbst. Wer ständig die Bedürfnisse anderer befriedigt, bevor er sich seine eigenen Wünsche erfüllt, hält zu wenig von sich und hat Angst, als Egoist bezeichnet zu werden. Doch das ist ein Irrtum: Das Gebot der christlichen Nächstenliebe ist keine Liebesform, die aufrechnet, um Wohlwollen zu ernten. Ein verlogenes, freudloses »Ja« ist schlimmer als jedes ehrlich begründete »Nein«, denn es sorgt für negative Gefühle: gegenüber sich selbst, weil man sich seiner Schwäche schämt und sich darüber ärgert, aber auch gegenüber demjenigen, der einen in diese Lage gebracht hat. Das Ergebnis: rundherum nur Verlierer und schlechte Schwingungen.

Schenken Sie sich zum 50. Geburtstag unbedingt einen »Lehrgang« zum Thema vernünftiger, freundlicher Verweigerung. Das wird nicht jedem passen. Als ich endlich begriffen hatte, dass ich nicht bei allen lieb Kind sein kann, trug mir das bei einigen Mitmenschen den Ruf ein, eine »schwierige« Person zu sein. Es waren aber diejenigen, von denen bei genauer Betrachtung ohnedies nichts anderes zu erwarten war und deren Komplimente mir eher verdächtig vorgekommen wären. Ein gutes, klares »Nein« zur rechten Zeit wird Ihr Leben enorm erleichtern und Ihnen dabei helfen, Freund von »Feind« unterscheiden zu lernen. Seien Sie ein glücklicher Egoist – spätestens jetzt!

ZEN-Seite   *Zuhören Erinnern Nachdenken*

Gibt es Situationen in Ihrem Leben, die völlig andere (positivere) Folgen gehabt hätten, wenn Sie nein gesagt hätten? Beschreiben Sie sie und auch, wie es Ihrer Meinung nach weitergegangen wäre, wenn Sie sich anders entschieden hätten:

....

....

....

....

Stellen Sie sich vor, Sie hätten die Macht, nach gründlicher Abwägung des Für und des Wider ein Gesetz in unserem Land einzuführen, das irgendetwas verbietet. Wofür würden Sie sich entscheiden?

....

....

....

....

Etwas zum Nachdenken

Die Fähigkeit, das Wort nein auszusprechen, ist der erste Schritt zur Freiheit.
Nicolas Chamfort

12. Wie man den Wald trotz vieler Bäume sieht

Es ist wichtig, dass Sie spätestens an diesem magischen Geburtstag Ihre Beziehung zur Umwelt und zu den Mitmenschen klären. »Das ist ja toll, wie viele Freunde du hast!« – wie oft habe ich diesen Satz gehört, und immer beruhte er auf einem Irrtum. Denn viele Menschen zu kennen heißt nun gerade nicht, dass sie alle Freunde sind. Schon das Wort »kennen« fordert Missverständnisse heraus: Wen kennt man wirklich? Die Wahrheit ist, dass man wahrscheinlich ein Leben lang damit zu tun hat, sich selbst einigermaßen kennenzulernen – von seinem Partner, den man immerhin liebt, gar nicht erst zu sprechen. Viele Menschen, die man im Laufe von 4 Lebensjahrzehnten »kennen«gelernt hat und deren Telefonnummern man in seinem Handy oder Notizbuch verzeichnet hat, sind Wegbegleiter. Oft nur für ein kurzes Stück, weil man berufliche Interessen teilt, miteinander zu tun hat, weil die Kinder in denselben Kindergarten oder dieselbe Schulklasse gehen, weil man denselben Yogakurs besucht, denselben Steuerberater hat oder im selben Lebensmittelladen einkauft und dort gelegentlich ins Gespräch kommt. Irgendwann hört man dann – oder sagt es selber –: »Du, da kenne ich jemand, ruf den doch mal an, der kann dir vielleicht helfen!«. So entstehen Netzwerke, vielleicht sogar das, was man »Bekanntschaften« nennt, und in ganz, ganz seltenen Fällen und mit viel Glück sogar Freundschaften.

Wer aber Bekanntschaften mit Freundschaften verwechselt, könnte irgendwann in verflixte Situationen kommen und sich vor Erstaunen die Augen reiben – es ist also wichtig, Ordnung in die Beurteilung unserer menschlichen Beziehungen zu bringen. Unsere Alltagssprache hilft uns dabei, und wer ein Ohr für Nuancen hat, kann die Wahrheit oft heraushören. Bevor man einer Frau »oft wechselnde Geschlechtspartner« nachsagte, wie man es heute formuliert, sprach man von »vielen Bekanntschaften«. Diese Formulierung war nicht so direkt und auf den »Konsum« von Sex reduziert, aber es schwang eine negative Beurteilung mit. Damals machten sich Suchende eben noch moralisch verdächtig.

Das Stichwort Konsum ist es, das so viele Missverständnisse in unseren Beziehungen hervorruft. Wer uns dabei hilft, unser neues Auto mit Rabatt kaufen zu können, einen früheren Termin bei einem begehrten Facharzt zu bekommen, unseren Kindern Praktikumsplätze zu beschaffen oder ein begehrtes Schnäppchen zu machen, dem sind wir Luxus-Verbraucher so dankbar, dass wir ihn gerne viel zu schnell in die Schublade der Freundschaft stecken. Dabei beruht dieses System auf dem Prinzip »Tue ich dir einen Gefallen, tust du mir einen

Gefallen« oder gar »Da kannst du mal sehen, was ich für ein toller Hecht bin!«. Beim Netzwerken ist doch oft ein bisschen Eitelkeit dabei, oder? Dagegen ist auch gar nichts zu sagen, denn so hat die Welt ja schon immer funktioniert. Mit Freundschaft hat das allerdings nichts zu tun. Manchmal ist es noch fataler: wenn wir ungebeten und ungewollt als Freund oder Freundin vereinnahmt werden. Wenn die Nachbarin bei einem harmlosen Tässchen Kaffee plötzlich Intimstes aus ihrem Eheleben erzählt, so dass man ihrem Mann nicht mehr in die Augen schauen kann, kann es ziemlich unangenehm werden. Und das nur, weil seine indiskrete Frau Nachbarschaft mit Freundschaft verwechselt hat.

Diskretion ist eines der wichtigsten Stichworte in Bezug auf Freundschaften. Mir erzählte einmal ein guter Bekannter, der sich hartnäckig als mein Freund bezeichnete, dass er in Verhandlungen mit einem Verleger stünde, der ihn unbedingt als Chefredakteur gewinnen wolle, so dass er möglicherweise wieder an unseren früheren gemeinsamen Wohnort zurückkäme. Ich solle aber um Himmels willen niemandem davon erzählen. Ich hielt mich daran und erfuhr Monate später, dass mein »Freund« stocksauer auf mich sei, weil ich in der Angelegenheit nichts für ihn getan hätte. Erst da wurde mir klar, dass der angebliche Freund auf meine Indiskretion gesetzt hatte, um irgendetwas durch Gerüchte in Bewegung zu bringen. Diese Interpretation von Freundschaft ist mir fremd.

Wahrscheinlich versteht jeder von uns etwas anderes unter Freundschaft. Sicher ist aber, dass sie ein rares Gut ist, wie alles, das mit Liebe zu tun hat. So wie die Bezeichnungen »mein bester Freund« oder »meine beste Freundin« schon mit Vorsicht zu genießen sind, weil sie signalisieren, dass es eine Skala gibt, ein Treppchen, auf dem man ganz oben, aber auch an zweiter oder dritter Stelle stehen kann. Bevor wir Freundschaften dem Leistungsprinzip unterwerfen, ist es doch besser, sie für sich genau zu definieren. Im Übrigen muss man Freundschaften – so wie jede Form von Liebe – hegen. Bekanntschaften genügt es zu pflegen.

Wer in diesen Beziehungsfragen noch nicht fit ist, sollte jetzt anfangen, genau hinzuschauen, hinzuhören und seinen Gefühlen nachzuspüren. Denn die Freunde, die wir haben oder in den nächsten Jahren gewinnen, sind die Menschen, die uns für den Rest des Lebens begleiten werden.

ZEN-Seite *Zuhören Erinnern Nachdenken*

Erinnern Sie sich an Ihre Schulzeit und den allerersten Freund oder die allererste Freundin, die Sie damals hatten? Versuchen Sie, sich an den Vor- und Nachnamen zu erinnern, und schreiben Sie auf, was diese Freundschaft von der Beziehung zu den anderen unterschieden hat.

....

....

....

....

Stellen Sie sich vor, Sie würden aufgefordert, einen mehr oder weniger fremden Menschen, den Sie nicht besonders schätzen, für sich zu gewinnen und zu Ihrem Freund zu machen (und dafür belohnt werden). Wen würden Sie auswählen, und wie würden Sie vorgehen?

....

....

....

....

Etwas zum Nachdenken

Wahre Freiheit entdeckt der Mensch erst dann, wenn er das Interesse daran verliert, welchen Eindruck er erweckt.

13. Elefanten gehen nicht in Porzellanläden

Es gibt Worte, die Konjunktur haben, und es gibt solche, die man derzeit kaum mehr hört. »Sorgsamkeit« und »Achtsamkeit« beispielsweise werden seltener benutzt. Der Grund ist einfach: Die Eigenschaften, die sie bezeichnen, sind rar geworden. Vielleicht liegt es daran, dass wir glauben, alles, was verloren- oder kaputtgeht, sei schnell zu ersetzen. Das stimmt auch in gewisser Weise: Ein zerbrochenes Senfglas ist schnell zu ersetzen, sogar ein besonders schöner Parfümflakon, auch wenn man dafür schon tiefer in die Tasche greifen muss. Das flaschengrüne Kleid aus Antiksamt, das wir auf einem Londoner Flohmarkt erstanden haben und in dem wir uns fühlen wie Bette Davis in »All about Eve«, ist aber nicht mehr zu ersetzen, wenn es aus Unachtsamkeit mit Rotwein übergossen wird. Wir trauern solchen Stücken oft jahrelang nach – dabei geht es gar nicht um das Kleid, sondern um das Gefühl, das es uns beim Tragen vermittelt hat.

Eines meiner Lieblingsstücke ist eine Tasse aus dem »Café Brasileira« in Lissabon (in deren Besitz ich widerrechtlich kam, ich muss es leider zugeben), die mich jedes Mal an wunderschöne Stunden in dieser traumhaften

Stadt erinnert. Ich meine, die portugiesische Sonne auf der Haut zu spüren und die typischen Gerüche der Stadt in der Nase zu haben, wenn ich die Tasse in die Hand nehme. Wenn ich sie nicht an ihrem gewohnten Platz im Schrank sehe – sie ist natürlich in Gebrauch, weil geliebte Dinge nicht zu Museumsstücken degradiert werden sollen –, suche ich sie sofort im Geschirrspüler.

Das ist es, was wir ab diesem neuen, gewissen Alter plötzlich lernen, erfahren und möglichst genießen sollten: Es gibt Dinge (und Augenblicke), die unersetzlich und unwiederholbar sind, die wir hüten wie die größten Schätze. Das kann auch ein besonderer Moment sein. Wie war das noch mit der Rede zum 70. Geburtstag des von allen geliebten Familienfreundes? Sie hatten sich nicht genügend Zeit für die Vorbereitung des Manuskriptes genommen und dann, als alles vorbei war, sind Ihnen erst die wichtigsten und schönsten Formulierungen und Anekdoten eingefallen. Das hat natürlich niemand bemerkt – aber Sie wissen, dass Sie einen Moment verpasst haben, weil Sie nicht die nötige Sorgfalt und Zeit aufgewendet haben.

Dieser eigene 50. Geburtstag ist ein wichtiger Zeitpunkt, um innezuhalten und sich in seiner direkten Umgebung, in den eigenen vier Wänden umzuschauen. Auch mit Souvenirs und Erinnerungen verbinden uns Freundschaften, innige Beziehungen oder aber doch nur kurze Bekanntschaften. Was uns wichtig ist, sollte auch einen besonderen Platz einnehmen und nicht neben irgendwelchem Kram herumstehen und dadurch seine Bedeutung verlieren. Es geht nicht darum, kleine Museen und Erinnerungsaltäre aufzubauen – trennen Sie Qualität von Quantität. Auch das hat mit Liebe zu tun. Denken Sie beispielsweise an so etwas Banales wie Ihren Besteckkasten. Im Laufe der Zeit hat sich dort sicherlich vieles angesammelt, was nicht zusammenpasst; so ist es in fast allen Haushalten, die schon ein paar Jahre auf dem Buckel haben. Als wir von meiner Tante deren Silberbesteck geschenkt bekamen, überlegten wir kurz, ob auch wir es in seinem satinausgeschlagenen Kasten lassen und nur für besondere Anlässe »aufheben« sollten, so wie seine Vorbesitzerin es hielt. Doch dann entschlossen wir uns kurzerhand, das billige Durcheinander unseres Besteckkastens zu entsorgen. Seitdem essen wir mit Silberbesteck – das übrigens gar kein Problem mit dem Geschirrspüler hat – und denken dabei oft und in Liebe an die edle Spenderin.

Die Sorgfalt und Aufmerksamkeit, von der ich spreche, ist nicht mit Spießigkeit zu verwechseln, ganz im Gegenteil. Warum haben englische Lords wohl einen Butler? Weil sie selber keine Lust haben, die Qualitätsdinge, die sie besitzen, zu pflegen. Da die meisten von uns wohl kaum einen Butler beschäftigen, müssen wir uns also von Krimskrams und Überflüssigem (das sich schneller ansammelt als Staub) befreien, damit die Dinge, die uns wirklich etwas bedeuten, in den verdienten Mittelpunkt rücken können.

Mit 50 beginnt man (spätestens), Qualität in jeglicher Form und Ausdrucksweise zu schätzen. Qualität ist immer mit Sorgfalt und Achtsamkeit verbunden. Sie trotzt der Vergänglichkeit und ist eine besondere Form von Liebe. Sie kann sich in einem Blick, einem Wort, einer Geste und auch in Dingen manifestieren. Und ist unverkennbar.

ZEN-Seite   *Zuhören Erinnern Nachdenken*

Erinnern Sie sich daran, wann Ihnen als Kind das erste Mal bewusst geworden ist, dass es Kostbarkeiten gibt, die nicht mehr ersetzt werden können? Was war der Anlass für diese Erkenntnis (und was war es, was Sie damals kaputtgemacht haben?)?

....

....

....

....

Stellen Sie sich vor, man würde Ihnen eine wunderschöne, unbezahlbar wertvolle chinesische Vase schenken (die Sie aber nicht verkaufen dürften), und Sie hätten die Auswahl zwischen dem Original und einer unzerbrechlichen, aber perfekt gemachten Kopie. Wofür würden Sie sich entscheiden?

....

....

....

Etwas zum Nachdenken

Das Geheimnis jeglichen Glückes ist die Freiheit.
Die Voraussetzung der Freiheit ist jedoch Mut.
Perikles

75

14. Jedem Tierchen sein Pläsierchen?

Wissen Sie, was der »Aha-Effekt« ist? Diese Bezeichnung wurde höchstwahrscheinlich von Psychologen oder Werbeleuten kreiert und besagt, dass Menschen sich zu all dem hingezogen fühlen, das sie schon kennen und das ihre eigene Meinung bestätigt. Eigentlich ganz logisch, denn es passt zu der Erkenntnis, dass die meisten von uns sich vor Fremdem, Ungewohntem fürchten. Das ist auch der Grund, weshalb »Toleranz« zwar ein schon fast abgenutzter Begriff ist – weil viel zu oft gepredigt und benutzt –, aber selten gelebt wird. Was hat es damit wirklich auf sich? Mit 50 werden wir plötzlich mit allen Vorurteilen konfrontiert, die wir selber hinsichtlich des Älterwerdens in uns tragen.

Dass es im Alltagsleben mit der Toleranz gegenüber Andersdenkenden nicht weit her ist, können wir fast täglich beobachten. Nehmen wir zum Beispiel die Gleichberechtigung von Mann und Frau. Weibliche Emanzipation wurde hart erkämpft, doch in den Chefetagen herrscht noch immer kein Gleichstand. Vielerorts hat sich das Emanzipationsprinzip in Form von Gleichstellungsbeauftragten im Betriebsrat und öffentlichen Einrichtungen »zwangsweise« durchgesetzt – bei gleicher Qualifikation wird die Frau bevorzugt. (Wer passt wohl auf, dass die Männer durch dieses Verfahren nicht benachteiligt werden, sobald die »Frauenquote« erfüllt ist?)

Oder denken Sie an das Rauchverbot: Jetzt werden zwar die Nichtraucher geschützt, und das ist natürlich in Ordnung. Doch den Rauchern wird »Zwangsentzug« verordnet, denn zumindest in Bayern können Sie mit Ihrem Laster keine Kneipe, keine Bar und kein Restaurant mehr besuchen. Wenn man bedenkt, dass für viele Menschen zum Feierabend-Whisky eben eine Zigarette gehört und der Kneipen- oder Barbesitzer zu einem großen Teil von dieser Zielgruppe lebt, ist das Rauchverbot eine merkwürdig intolerante und einseitige Zwangsbeglückung. Diejenigen, vor denen sich Nichtraucher schützen wollen, müssen nun rudelweise bei Wind und Kälte vor den Gaststätten herumstehen wie Pennäler. Dabei wäre es so einfach gewesen: In Nichtraucher- und Raucher-Lokalen könnte doch jeder nach seiner Fasson selig werden. Und auch das ebenfalls zwangsgeschützte Bedienungspersonal könnte sich den Arbeitsplatz aussuchen (statt sich verstohlen zu den rauchenden Gästen nach draußen verdrücken zu müssen).

Politiker hoffen, mit solchen unausgegorenen Verordnungen Wählerstimmen zu ergattern, und man darf gespannt sein, bei welchen Fragen sie als Nächstes beweisen, dass sie längst das Augenmaß verloren haben. Wahrscheinlich werden demnächst Übergewichtige aus den Krankenkassen ausgeschlossen, ebenso wie Skifahrer oder Tennisspieler – es könnte sich ja jemand den Fuß brechen oder einen Sehnenriss erleiden, während er seinem Spaß nachgeht. Gott bewahre uns davor, dass die von uns Gewählten und Bezahlten künftig auch noch »im Namen des Volkes« bestimmen, welchen Sport das Volk betreiben darf. Verstehen Sie mich nicht falsch – das soll hier keine Politikerschelte werden, sondern nur verdeutlichen, dass Toleranz zu einem Schlagwort verkommen ist. Ab einem bestimmten Alter – dem unsrigen auf jeden Fall – muss man diesen Begriff richtig einordnen können und nicht nur das gut finden, was uns selbst in den Kram passt.

Ich achte jeden Nichtraucher, jeden Alkohol- und jeden Sportgegner und selbstverständlich jeden Vegetarier. Ich toleriere fremde Religionen und fremde Kulturen – aber nur solange ich nicht missioniert und zwangsbeglückt werde oder gar unter dem Vorwand der Demokratie in mein privates Verhalten eingegriffen wird.

In unserem Grundgesetz steht: »Die Würde des Menschen ist unantastbar.« Dazu gehört auch, dass man den Menschen die Freiheit gibt, selbstbestimmt zu leben – vorausgesetzt, sie belästigen und gefährden damit nicht ihre Mitmenschen. Auch Toleranz ist eine Form von Liebe und muss geübt werden; sie hat etwas mit Überlegung, Einsicht und Nächstenliebe zu tun. Derzeit könnte man jedoch bei genauer Betrachtung der Dinge den Eindruck gewinnen, dass die Intoleranz an den Hebeln der Macht sitzt. Es ist wichtig, sich gegen Intoleranz, die unter dem

Mäntelchen des »Gutmeinens« daherkommt, zu wehren. Man kann nicht früh genug damit beginnen. Jetzt ist der richtige Zeitpunkt! Es ist erlaubt und sogar notwendig, den Mund aufzumachen.

ZEN-Seite   *Zuhören Erinnern Nachdenken*

Welche Eigenschaften und Verhaltensweisen Ihres Partners oder Ihrer Familienmitglieder bringen Sie zur Weißglut? Schreiben Sie sie auf. Und was haben Sie bisher dagegen getan?

....

....

....

....

....

....

Stellen Sie sich vor, Sie hätten die Macht, alles abzuschaffen und zu verbieten, was Sie an der Welt und Ihren Mitmenschen stört. Machen Sie eine Prioritätenliste von 1 bis 5:

1. ....

2. ....

3. ....

4. ....

5. ....

Etwas zum Nachdenken

Freiheit ist immer nur die Freiheit der Andersdenkenden.
Rosa von Luxemburg

15. Wer kauft, wird selig

»Plastikliebe!«

Das war der trockene Kommentar einer Freundin, als wir einmal in einem Straßencafé an einer Münchner Flaniermeile saßen und die Massen von Passanten beobachteten, die an uns vorbeizogen – alle bepackt mit prall gefüllten Einkaufstüten. Wir mussten beide über ihr harsches Urteil lachen, denn auch neben uns standen einige von diesen Plastik- und Papierdingern. Auch wir hatten zuvor zugeschlagen, »Beute gemacht«, so wie ich diese gelegentlichen Konsum-Orgien damals nannte. Dabei bin ich durch meine Kleidergröße noch halbwegs geschützt, weil ich mangels Angebot manche Boutiquen gar nicht erst zu betreten brauche. Trotzdem: Wenn man nur will, findet sich immer etwas, das scheinbar lohnt, konsumiert zu werden.

Erst eine ganze Weile nach meinem 50. Geburtstag wurde mir wirklich klar, dass diese »Kaufräusche« eine Art Liebesersatz zwaren. Es gibt Bürotage – und das wird mir jede berufstätige Frau bestätigen –, die man nur bis zu einem gewissen Zeitpunkt aushalten kann. Wie die Quecksilbersäule in einem Thermometer steigt der Druck kontinuierlich, und man hat Visionen von Stoffen und Farben, von Jacken, Mänteln, Hosen, Pullovern und Schuhen – und den entsprechenden Läden. In meinem Fall war das eine ganz bestimmte Adresse. Spätestens um vier oder halb fünf am Nachmittag drohte das innere Thermometer einen gefährlichen Höchststand zu erreichen. Dann musste es sein: Abmarsch.

Nirgendwo wird man so freudestrahlend begrüßt wie in seiner Stammboutique. Da gibt es sofort frisch gebrühten Tee, das Gebäck steht parat, als sei man schon längst erwartet worden. Und natürlich finden sich mindestens drei wunderbare Stücke, die nur für mich geordert worden sind, für niemanden sonst. Sie passen, natürlich. Das innere Thermometer steigt wieder, diesmal aber auf angenehme Weise. Es signalisiert Frühlingsgefühle. Dann stellt sich heraus, dass man eines der Stücke wunderbar mit einer anderen Bluse und die wiederum mit einer sensationellen Hose kombinieren kann. Dann wird noch ein Traum-T-Shirt aus der Tiefe des Raums gezaubert, eines, das man nie mehr irgendwo finden wird, weshalb es jetzt sofort mitgenommen werden muss. Während die Kasse rattert, zieht sich der Magen leicht zusammen. Natürlich weiß man, dass man auf fast perverse Weise gierig war und sich das in einer entsprechend hohen Summe ausdrücken wird. Da streicht man mit der Hand noch einmal wehmütig und schon Abschied nehmend an den Kleiderständern entlang und hält inne: Was war denn das? Tatsächlich. Da hängt ein Lacklederregenmantel. Er ist unglücklich, er will mit mir gehen …

Wer jetzt glaubt, das Glücksgefühl würde sich schon nach dem Verlassen des Ladens in Luft auflösen, der versteht nichts von Drogen. Oh nein, es hält. Es hält bei der Rückfahrt ins Büro, es hält auch noch bei der Fahrt nach Hause, beim Auspacken, beim Vorführen, bei den Komplimenten für den guten Geschmack. Auch das Abtrennen der Preisetiketten und der Tütchen mit den Reserveknöpfen und das Verstauen im Schrank hat irgendwie noch etwas Euphorisches. Genau genommen gibt es gar keinen Absturz, keinen wirklichen Kater. Ins Grübeln kommt man erst, wenn man ein paar Tage später nach einer gelungenen Präsentation oder dem Abschluss eines höchst komplizierten Vertrags seltsame Gefühle verspürt. Genauso hat man sich kürzlich inmitten des Kleiderbergs gefühlt – kurz bevor die Rechnung kam. Einfach genial. Und ganz ohne nachzuhelfen. Und ohne dafür bezahlen zu müssen. Im Gegenteil.

Vielleicht muss man gar nicht erst 50 werden, um zu wissen, was los ist. Alles, was uns gut gelingt – egal ob beruflich oder privat –, hat etwas mit Hingabe, Hinwendung, tiefem Engagement zu tun, ist also das Ergebnis von konzentrierter Leidenschaft, von einer Art Liebe. Vielleicht ist das auch die Lösung des Rätsels, warum so viele Männer Workaholics sind? Sie wollen diesen Erfolgsrausch immer und immer wieder genießen. Man kann das sicherlich mit einer Sucht vergleichen; und weil wir verwöhnt sind, keine Geduld haben und dieses Gefühl immer wieder und immer öfter haben wollen, sind wir frustriert, wenn das nicht oft genug gelingt. Und dieser Frust treibt uns zur Ersatzbefriedigung: in den Kaufrausch.

Wer das durchschaut hat, wird mit den Glückshormonen gut haushalten und sie auch bewahren können. Der Auslöser für das gute Gefühl kann ein gelungener, selbstgebackener Kuchen sein, oder die Erledigung der Weihnachtspost zur richtigen Zeit und ohne Stress. Je reifer man wird, desto seltener fällt man auf sich selbst herein. Man braucht keine »Plastikliebe« mehr, weil man Original und Ersatz unterscheiden kann. Und das Allerschönste ist: Ab jetzt macht Einkaufen erst richtig Spaß, denn man weiß, was man tut!

ZEN-Seite *Zuhören Erinnern Nachdenken*

Was waren während Ihrer Kindheit Ihre Lieblingsbelohnungen? Womit konnte man Sie glücklich und zufrieden machen (und im Zweifelsfall ruhig stellen oder »bestechen«)?

....

....

....

....

....

Stellen Sie sich vor, Sie wüssten ein Geheimnis, dessen Verrat jemandem sehr viel wert wäre. Womit könnte man Ihre Moral ins Schwanken bringen? Womit wären Sie bestechlich (oder ab welcher Summe?):

....

....

....

....

....

Etwas zum Nachdenken

Demokratie beruht auf drei Prinzipien: auf der Freiheit des Gewissens, auf der Freiheit der Rede und auf der Klugheit, keine der beiden in Anspruch zu nehmen.

Mark Twain

16. Mit sich selbst ist man nie allein

Partnerschaft, die Sehnsucht nach Liebe und Freundschaft – vielleicht ist das das heikelste und schwierigste Thema, das Menschen mit diesem ganz bestimmten Geburtstag in Verbindung bringen. Vor allem dann, wenn sie Singles sind. Das Thema ist so sensibel und auch so individuell, dass kein Außenstehender wirklich etwas dazu sagen oder gar Rat geben kann. Und es geht eben nicht nur um den befürchteten Attraktivitätsverlust, denn jeder vernunftbegabte 50-Jährige weiß, dass er in dem Punkt nicht unbedingt mit Mittdreißigern konkurrieren kann. So einfach sollte man es sich bei diesem für viele geradezu existenziellen Thema nicht machen.

Sie kennen wahrscheinlich die alte Geschichte aus Platos »Gastmahl« – sie ist in ihren kraftvollen Bildern immer wieder schön: Einst waren alle Menschen Kugeln mit vier Armen, vier Beinen und zwei Köpfen. Sie waren mächtig und übermütig und reizten in ihrer Selbstherrlichkeit die Götter. Als denen das Treiben der Kugeligen auf der Erde zu bunt wurde, hieben sie sie in der Mitte auseinander. Und seitdem sucht jeder der Halbierten seine andere Hälfte. Manche Menschen gehen sogar so weit, ihre Partner als »die bessere Hälfte« zu bezeichnen (wenn dieser verdächtig bescheidene Spruch auch immer seltener zu hören ist!).

Die Realität jenseits der alten griechischen Sage sieht ein bisschen anders aus. Alle Menschen – egal ob Mann oder Frau – müssen erst einmal lernen, mit sich allein zurechtzukommen. Wer nicht mit sich allein sein kann, stellt an einen Partner zu hohe Ansprüche: Er soll so etwas wie ein Elternersatz sein, aber auch Spielkamerad, Vertrauter und Entertainer. Wenn man all das vom Partner erwartet, geraten Geben und Nehmen aus dem Gleichgewicht. Das wird auf Dauer nicht gutgehen, weil es selbst den (oder die) größten Liebenden überfordert.

»Ich liebe dich nicht, weil ich dich brauche, sondern ich brauche dich, weil ich dich liebe!« – das ist ein großer Unterschied.

Die meisten Menschen machen den Fehler, Alleinsein mit Einsamkeit zu verwechseln. Ein folgenschwerer Irrtum, den man als Erwachsener erkennen sollte. Wer schon einmal verlassen wurde oder schon einmal verlassen hat, weiß um den Schmerz, den Trennungen verursachen. Beziehungsschmerz setzt sich aus vielen Komponenten zusammen: der Liebesentzug, das Gefühl des Nichtgenügens, das Verlassenheits- oder das Schuldgefühl, der Selbstvorwurf, versagt zu haben. In solchen Lebensphasen wird man sich zwar instinktiv eine Weile zurückziehen, um mit all diesen Emotionen ins Reine zu kommen – aber man muss dabei nicht allein bleiben. Es gibt keine besseren »Tröster« als die Literatur, die

Malerei, die Musik, eben alle schönen Künste. Alle diese wunderbaren, großartigen Werke wurden von Menschen geschaffen, deren Leben ebenfalls nicht nur von Glück, sondern auch – oft sogar vorwiegend – von schmerzhaften Erlebnissen geprägt wurde und die all das in ihrer jeweiligen Kunst ausgedrückt haben.

Und es gibt noch etwas, das man mit dem 50. Geburtstag vielleicht schon weiß oder erkennen sollte: Partner und Freunde darf man nicht hektisch suchen, denn Hektik macht blind. Um menschliches Miteinander zu erfahren, sollte man bereit sein, mit offenen Augen und neugierigem Herzen durch die Welt zu gehen – denn nur dann hat jeder von uns die Chance, »gefunden« zu werden. Als ich nach einer 20-jährigen Ehe durch die beschriebene Phase des Zurückgezogenseins gegangen war, während der ich meinen Seelenschmerz sortierte und verarbeitete, hatte ich plötzlich das sichere Gefühl, dass ich gerne allein bleiben möchte. Totale Unabhängigkeit und Freiheit kann man als Ehepartner auch in modernen Beziehungen nur partiell leben. Diese neue Aussicht erschien mir durchaus verlockend, und ich begann zu genießen, tun und lassen zu können, was und wann immer ich wollte.

Ich machte die große Erfahrung des Loslassens – und was passierte? Plötzlich stand mein Traumpartner vor mir! Gut, ganz so plötzlich auch wieder nicht – er war schon eine Weile da, ich habe ihn nur nicht als solchen erkannt, weil ich zu sehr damit beschäftigt war, meine

Wunden zu lecken und nach einer neuen Lebensform zu suchen.

Eine wichtige Erkenntnis, die dieses neue Lebensjahrzehnt für jeden bereithält, der nachdenkt, ist die Tatsache, dass Partner und Freunde keine Altersfrage sind, sondern eine Frage der Einstellung – zu sich und zu anderen. Auf einen Menschen können Sie sich immer verlassen: auf sich selbst. Vorausgesetzt, Sie haben sich gern. Und jemand, der sich mag, bleibt selten allein. Denn Liebe zieht Liebe an.

ZEN-Seite   *Zuhören Erinnern Nachdenken*

Erinnern Sie sich an Ihren ersten Kuss und an die Situation, in der Sie ihn bekamen? Mit wem und wo haben Sie dieses wichtige Ereignis erlebt? Und wie ging diese Lovestory aus?

....

....

....

Stellen Sie sich vor, Sie dürften sich die Eigenschaften Ihres Traumpartners selbst zusammenstellen, sich sozusagen eine geliebte Idealperson basteln. Wie würde diese Person aussehen und sein? (Einzige Bedingung: Sie müssen bis zum Ende Ihrer Tage mit ihr leben – selbst wenn sich herausstellt, dass Sie eine wichtige »Zutat« vergessen haben.)

....

....

....

....

....

Etwas zum Nachdenken

Die Freiheit »hat« man nicht – wie irgendetwas, das man auch verlieren kann, sondern die Freiheit »bin ich«.
Viktor Frankl

17. Sex an und für sich

Sex wird immer besser, je länger man ihn praktiziert. Der Grund ist ganz einfach: Man vertraut seinem eigenen Körper und seinem Partner immer mehr und ist in der Lage, währenddessen an nichts anderes zu denken oder sich krampfhaft darauf zu konzentrieren, »gut« zu sein. Das leuchtet jedem bei genauerer Überlegung sofort ein. Paare, die schon lange zusammen sind, hören irgendwann damit auf, den Bauch einzuziehen. »War ich(!) gut?« – diese Phase sollte man an seinem 50. Geburtstag hinter sich haben. Wahrlich glücklich schätzen können sich die, die sie erst gar nicht erlebt haben. Angesichts der unzähligen Filme und Bücher, die wir alle schon über Sex, aber auch über die Liebe gesehen und gelesen haben, grenzt es geradezu an ein Wunder, dass es immer noch Menschen gibt, die Sex mit Liebe verwechseln und tatsächlich glauben, dass »Sexkonsum« ein Gradmesser dafür sei, wie viel Liebe wir bekommen (und zu geben haben).

Das nächste Missverständnis in Sachen Sexualität: Körperliche Attraktivität ist keine Voraussetzung für ein erfülltes Liebesleben.

Es müssen auch nicht immer Kaviar, Champagner und Kerzenschein sein, die auf direktem Weg ins Bett führen. Wenn man nicht mehr 20 ist, nutzen sich solche Klischees ein bisschen ab, und man ist sich nicht mehr sicher, ob es sich um eine Inszenierung aus Lust auf Lust oder aus Verzweiflung handelt. Kennen Sie den Witz, in dem eine sexuell vernachlässigte Frau zu schwarzer Reizwäsche greift und der irritierte Mann kurz stutzt und dann fragt, ob etwas mit Oma sei? Der direkte Weg ist übrigens sehr oft nicht der allerbeste, um im Bett zu landen. Das ist eine der spannendsten Erfahrungen, die man mit fortschreitendem Alter machen darf. Eine heiße Diskussion nach einem Treffen mit Bekannten, einem Kinobesuch oder nach einer Talkshow, bei der beide gerade nicht einer Meinung sind, kann eine höchst anregende Wirkung auf ein Paar haben. Ich habe mir oft den Kopf darüber zerbrochen, woran das liegt, denn im Allgemeinen geht man davon aus, dass Sex auf absoluter Harmonie und Übereinstimmung basiert. Vielleicht entdeckt man plötzlich eine neue, interessante und leidenschaftliche Seite an seinem Partner, auf die man nicht gefasst war?

Natürlich sollte man es in einer Beziehung nicht so weit kommen lassen, sich einzubilden, man kenne den Partner in- und auswendig. Eine Beziehung, in der es nicht ein paar letzte »Geheimnisse« gibt, in der man ständig sein Innerstes vor dem anderen ausbreitet, wird auf Dauer spannungslos. Kluge Partner haben gelernt, den anderen nicht nach jedem Anruf zu fragen: »Wer war denn das?«, jeden Briefinhalt sofort sehen zu wollen und den Grund jeder kleinen Verspätung zu erfragen. Jede Form von Kontrolle törnt ziemlich ab und ist dem Sexleben absolut nicht förderlich. In einer guten, auf gegenseitiger Aufmerksamkeit basierenden und zugewandten Beziehung wird es keine bedrohlichen Geheimnisse geben, die der Nachfrage bedürfen. Und alles andere bringt selten einen interessanten Erkenntnisgewinn. Wer will schon unbedingt wissen, dass die Werkstatt angerufen hat, weil das Auto morgen um fünf abgeholt werden kann, der Dachdecker die erbetene Rechnungskopie für die Steuererklärung geschickt und es auf der Heimfahrt einen Riesenstau gegeben hat? Genau diese Antworten auf überflüssige Fragen bleiben irgendwann übrig, wenn sonst nichts mehr läuft. Nicht sehr sexy.

Mit dem 50. Geburtstag sollte man auch ein paar Spießigkeiten endgültig ablegen – vor allem diejenigen, die allein leben, ob freiwillig oder unfreiwillig. Menschen, die regelrecht unter Sexentzug leiden und denen das Wort Sublimierung nicht viel sagt – die ihre entsprechenden Bedürfnisse also nicht »umwandeln« können –, sollten ruhig ausprobieren, wie es ist, Sex unter Gleichgesinnten zu »tauschen«, wie es in Kontaktanzeigen angeboten wird. Oder – und das ist bei weitem unproblematischer – sich daran erinnern, wie es in Teenagerzeiten war, als man »Sex an und für sich« praktizierte. Auf jeden Fall hat man es dabei mit einem Menschen zu tun, den man mag. Das alles ist absolut nicht peinlich und auch keine Schande, sondern schlicht und einfach eine vorübergehende, pragmatische Problemlösung.

Und dann gibt es noch eine Form von Sex, die man in jungen Jahren gar nicht kennenlernen kann, weil man dafür viel zu ungeduldig ist und zu wenig weiß: diejenige, die sich im wahrsten Sinne des Wortes ganz unkörperlich beim Gedankenaustausch zwischen zwei Menschen, quasi zwischen zwei Gehirnen abspielt. Nicht heimlich – der »Brain Sex«, den ich meine, ist beiden Partnern ganz bewusst. Dabei geht es um Gespräche, ein intellektuelles Kräftemessen, ein Gedanken-Pingpong von brillanten Argumenten und Ideen (die absolut nichts mit Sex zu tun haben, dass da nur kein Missverständnis aufkommt!), bei dem manchmal, in sehr guten Augenblicken, eine Atmosphäre, ein Knistern, eine Art geistiges Magnetfeld entsteht, das in seiner schönsten und glücklichsten Form körperlichem Sex weit überlegen sein kann. Diese Form von »geistigem« Sex hat etwas so Faszinierendes, dass es jeden Menschen wie von Zauberhand objektiv schön werden lässt. Freuen Sie sich darauf, wenn Sie es noch nicht kennen!

ZEN-Seite   *Zuhören Erinnern Nachdenken*

Zählen Sie doch einmal nach, mit wie vielen verschiedenen
Partnern Sie in Ihrem bisherigen Leben schon Sex hatten (vor
Ihrem derzeitigen Partner) – und benennen Sie das schönste
Erlebnis und das, das Sie am liebsten aus Ihrem Gedächtnis
streichen würden:

....

....

....

....

....

Stellen Sie sich vor, Sie müssten wählen: jeden zweiten Tag
durchschnittlich guten Sex, oder sensationellen Sex – alle
acht Wochen. Beides mit dem Partner Ihrer Wahl. Wofür würden Sie sich entscheiden?

....

....

Etwas zum Nachdenken

*Was nützt die Freiheit des Denkens, wenn sie nicht zur
Freiheit des Handelns führt?*
Jonathan Swift

18. Küss die Hand, schöne Frau …

Diese Zeiten des Liebeswerbens sind längst vorbei und nur mehr in alten Schwarzweißfilmen zu bestaunen – oder werden in Schlagertexten ironisch besungen. Es würde auch keiner Frau mehr einfallen, ein Taschentuch fallen zu lassen, um einem »Kavalier« (gibt's die noch?) Gelegenheit zu geben, es aufzuheben, um so mit ihr ins Gespräch zu kommen. Und selbst wenn, würde sich wahrscheinlich kein Mann danach bücken – wer greift schon nach einem Papiertaschentuch?

Frauen verharren auch nicht mehr auf dem Beifahrersitz, bis ihnen der Fahrer die Tür öffnet. Sie würden lange warten und ein erstauntes Stirnrunzeln ernten. Alle diese Höflichkeiten wirkten in unserer hektischen Zeit auf die meisten Menschen irritierend, wenn nicht sogar lächerlich. Eigentlich schade.

Ab dem 50. Geburtstag beginnt fast unmerklich eine neue Ära der Höflichkeit. Der rotzfreche Satz »Alter ist kein Verdienst«, der uns als Jugendlichen in öffentlichen Verkehrsmitteln beim Anblick eines stehenden Älteren gelegentlich trotzig in den Sinn kam, bekommt eine neue Bedeutung. Wir ahnen, dass es nicht mehr lange dauern wird, bis wir selber »älter« sind – und räumen automatisch bei Bedarf unseren Sitzplatz, so wie in jungen Jahren unter Mutters Erziehungsfuchtel. Oder: Man hat uns schon so oft Schwingtüren an den Kopf knallen lassen (und wir haben es in gedankenloser Eile wahrscheinlich auch schon gelegentlich getan), dass wir sie plötzlich sorgsam festhalten, wenn sich jemand hinter uns befindet. Es kehrt also eine ganz neue Sorgfalt und Höflichkeit ein, die man bis jetzt manchmal etwas verdrängt und vernachlässigt hat.

Da wir ja schon geraume Zeit über die Liebe in all ihren Ausprägungen reden, möchte ich es noch einmal deutlich sagen: Höflichkeit ist auch eine Form von Nächstenliebe. Und nach dem Motto »Was du nicht willst, das man dir tu, das füg auch keinem anderen zu!« entwickelt man als kluger Mensch ab einem bestimmten Alter einen besonderen Sinn dafür – zumal viele unserer Generation nicht zuletzt aufgrund der antiautoritären Erziehung in ein gewisses Höflichkeits-Vakuum geraten sind.

Wenn heute darüber geklagt wird, dass die Welt so viel kälter geworden ist, so liegt das nicht unbedingt nur am Turbo-Kapitalismus, an der Globalisierung und an der Anbetung des Goldenen Kalbs der Rationalisierung: Uns sind im Geschwindigkeitsrausch eine Menge Alltagshöflichkeiten abhandengekommen.

Sie kennen das doch sicher auch: Es ist einfach ein angenehmes Gefühl, von den Verkäufern eines Ladens oder den Kellnern eines Restaurants namentlich begrüßt zu werden. So ist man nicht einfach »nur« ein Konsument mit einer Kreditkartennummer, sondern eine Persönlichkeit. Allein diese angenehme Form des Umgangs sorgt dafür, dass wir uns Stammgeschäfte und Stammlokale suchen. Wer sich dessen bewusst ist, wird auch einen anderen, fremden Laden nicht mehr grußlos betreten (um auf einen ebenso grußlosen Verkäufer zu treffen, der einem stumm und auffordernd entgegenblickt). Und wer darüber gelegentlich nachdenkt, wird auch einen Kellner nicht einfach als Lakaien betrachten, der dafür bezahlt wird, dass er bringt, was man bestellt hat. Es erstaunt mich immer wieder, wie viele Menschen es gibt, die sich im Alltagsleben aufführen, als seien sie am Hof des Sonnenkönigs geboren worden, wo man ihnen beigebracht hat, Bedienstete wie Luft zu behandeln. Als es das Großbürgertum noch gab, hätte jemand aus dieser Gesellschaftsschicht meine Hinwendung zu Kellnern und freundlichen Verkäufern vielleicht als »Hang zum Personal« belächelt. Seit sich die sogenannte bessere Gesellschaft ihre Exklusivität mit Neureichen – egal aus welcher Gegend der Welt kommend – teilen muss, sollte klar sein, dass wir alle wahrlich »nichts Besseres« als Kellner und Verkäufer sind. Woher nehmen wir also die Arroganz, unsere Kollegen von oben herab zu behandeln? (Da fällt mir der Spruch meines Großvaters ein: »Und ist der Handel noch so klein, so bringt er doch mehr als Arbeit ein!« … Ach, wenn er wüsste!)

Wir können durchaus genießen, dass sich viele der alten Benimmregeln gelockert haben: Es ist angenehm, dass man eine Münchner Weißwurst längst wieder mit der Hand essend aussaugen und zu Fisch auch Rotwein trinken darf. Trotzdem ist es nicht von Schaden, zu wissen, dass man Blumen nicht im Einwickelpapier überreicht, Frauen den Vortritt lässt (außer beim Betreten eines Lokals) und dass man besondere Briefe – die beim Adressaten zwischen all der profanen Post auffallen sollen – mit Briefmarken frankiert und nicht elektronisch verschickt. Für all diese kleinen Aufmerksamkeiten entwickelt man ab dem 50. Geburtstag plötzlich ein Sensorium, denn sie erzeugen ausgesprochen gute Schwingungen und machen gute Laune.

ZEN-Seite *Zuhören Erinnern Nachdenken*

Können Sie sich noch erinnern, wer während Ihrer kindlichen Erziehungsphase in Ihrer Umgebung der höflichste Mensch und wer der größte Rüpel war? Kennen Sie noch »das Zauberwort« und wissen, wie es lautet?

....

....

....

....

Stellen Sie sich vor, Sie wären zu einem Empfang bei der Königin von England eingeladen, müssten aber einen formvollendeten Hofknicks beherrschen. Wären Sie bereit, ihn zu erlernen (und wen würden Sie dabei um Hilfe bitten?), oder würden Sie lieber absagen, weil Sie vor niemandem zu knicksen bereit sind?

....

....

....

Etwas zum Nachdenken

Meine Freiheit endet dort, wo die Freiheit meines Gegenübers beginnt.

19. Humor ist, wenn man trotzdem lacht

Das ist zwar eine etwas eng gefasste Definition von Humor, aber sie macht immerhin deutlich, dass Humor enorm hilfreich ist, die Mühsal des Alltags im Allgemeinen und die »Grausamkeiten« des Lebens im Besonderen besser bewältigen zu können. Worüber jeder von uns lachen kann, ist zwar sehr individuell, sicher ist aber, dass man sich dort, wo gelacht werden kann und darf, ruhig »niederlassen« kann. »Böse Menschen« haben nicht nur keine Lieder, sie sind auch selten imstande, herzhaft zu lachen.

In jungen Jahren mussten wir uns das Lachen oft verbeißen, weil wir bestimmte Situationen noch nicht richtig einschätzen konnten und uns Lachen daher – wohl auch zu Recht – als Respektlosigkeit ausgelegt worden wäre. Später blieb uns das Lachen oft »im Halse« stecken, weil wir neben der Komik ganz plötzlich auch die Bedrohlichkeit einer Sache erkannten. Ab dem Alter, in das Sie jetzt gerade kommen oder gekommen sind, hat die reichlich angesammelte Lebenserfahrung für den nötigen Abstand zu sich selbst gesorgt, ohne den Humor nicht denkbar ist. Humor (und das damit verbundene Lachen) ist eine (nicht erlernbare) Kulturtechnik, die viel mit Reflexion, kulturellen Hintergründen und Selbsterkenntnis zu tun hat. Zwei von »Kennern« besonders verehrte Formen dieser Kulturtechnik sind der berühmte »jüdische« und der »britische« Humor – beide bewundernswert selbstironisch und ungeheuer komisch, jedoch nie auf Kosten anderer.

Lachen befreit – manchmal so sehr, dass sogar die Tränendrüsen aktiviert werden und man meinen könnte, das Zwerchfell sei unser Zentralorgan. Es ist wunderbar, sich selbst dabei zu beobachten, wie Dinge, die uns noch vor 20 Jahren maßlos geärgert hätten, plötzlich eine komische Seite offenbaren. Glauben Sie mir, mit zunehmendem Alter wird das Leben stellenweise sehr komisch. Vorausgesetzt, man betrachtet alles erst einmal aus der berühmten Armlängenentfernung. Selbst die täglichen Nachrichtensendungen – in ihrer sprachlichen Unpräzision gemeinhin ein sicherer, allabendlicher Frustrationsfaktor – verlieren mit diesem Abstandsblick ihr wutauslösendes Potenzial. Gelegentlich lassen sie sich sogar im Gegenfrage-Spiel (der Zuschauer stellt in seinem Wohnzimmer die auf der Hand liegenden Gegenfragen – kann viel Spaß machen!) zu einem veritablen Kabarett umfunktionieren.

Nun gibt es natürlich so viele Formen von Humor wie menschliche Charaktere. Es gibt Hohn und Spott, die sich immer gegen andere richten, weshalb man nicht gerne davon betroffen ist; es gibt Ironie, die alles vergrößert, überzeichnet und karikiert; es gibt die Parodie, die uns schon deshalb amüsiert, weil fast ausschließlich Prominente Opfer sind und wir verschont bleiben; es gibt die pure Komik – denken Sie an Dick und Doof. Hinter dem von vielen so gefürchteten Zynismus stecken fast immer schwer verletzte, gute Seelen – denken Sie an Rick/Humphrey Bogart in »Casablanca«. Der Sarkasmus ist manchmal sehr schwer als Humor zu erkennen und erschließt sich nicht jedem sofort; und über den guten alten Witz können wir nur lachen, wenn er wirklich originell ist. All diese Formen von Humor setzen eine gewisse geistige Beweglichkeit voraus. Menschen mit der berühmten »langen Leitung« sind dabei eindeutig im Nachteil, und auch alle, die zäh an Konventionen hängen, denn im Humor werden Tabus gebrochen und »verbotene« Gegensätze aufgebaut.

Ob Sie nun Dick und Doof lieben, auch wenn die 100. Torte geflogen ist, oder Dean Martin und Jerry Lewis bevorzugen, lieber den »Scheibenwischer« anschauen oder »Neues aus der Anstalt« (oder sich mit »heute« oder der »Tagesschau« begnügen) – es ist egal, solange Sie das Pingpong der raschen Gedanken im Auge behalten und nachvollziehen. Üben Sie Schlagfertigkeit, zumindest die des Denkens, denn nicht jeder muss das Talent haben, selbst auftrittsreif komisch zu sein. Das Lachen muss man genießen können, das ist die Hauptsache am Humor.

Auch Humor hat mit Liebe zu tun – mit der Liebe zum Leben, zu Menschen mit ihren Stärken und Schwächen und vor allem der Liebe zu sich selbst. Wer nicht gelegentlich über sich selber lachen kann, der geht zu streng mit sich um und ist meist auch keine Freude für die Umwelt. Nur weil in Umberto Ecos Roman »Der Name der Rose« alle sterben müssen, die heimlich in Aristoteles' (fiktivem) Buch über das Lachen gelesen haben, sollten wir nicht glauben, dass Gott humorlos ist. Was wäre das für ein Gott, der keinen Spaß versteht? Denken Sie an »Don Camillo und Peppone«: Da war Gott mit seiner Stimme aus dem Off meistens besser drauf als Don Camillo, wenn er gerade mal wieder rotsah. Humorlos ist höchstens Gottes jeweiliges Bodenpersonal. Es muss auch einen Grund geben, warum Homer die Götter gelegentlich lachen ließ – vielleicht liegt es daran, dass Humor eindeutig gemeinschaftsstiftend ist?

50-Jährige wissen das alles und haben gut lachen. Und das sogar immer öfter.

ZEN-Seite   *Zuhören Erinnern Nachdenken*

Erinnern Sie sich an Ihren ersten Zirkusbesuch und an die
zwei Sorten von Clowns: den weißen (vornehmen) und den
komischen. Welcher hat Ihnen besser gefallen? Ist das bis
heute so geblieben? Schreiben Sie die Gründe dafür auf:

....

....

....

....

....

Wenn Ihnen heute jemand einen politisch unkorrekten, aber
intelligenten Witz erzählt, sind Sie dann imstande, frei von
der Leber weg zu lachen, oder sind Sie peinlich berührt und
weisen den Erzähler in die Schranken?

....

....

....

....

Etwas zum Nachdenken

Der Genuss des Humors setzt höchste geistige Freiheit voraus.
Christian Friedrich Hebbel

20. Von der Leidenschaft der Wissbegier

»Ich weiß, dass ich nichts weiß!«

Dieser weise Satz von Sokrates ist Ausdruck einer der schönsten und beglückendsten menschlichen Eigenschaften – dem Wissensdurst und der Neugierde. Der große Grieche lieferte zwar noch einen Nachsatz, der im übertragenen Sinn lautet: »Damit weiß ich mehr als ihr, die ihr euch einbildet, etwas zu wissen!«. Wer in seiner Kindheit allerdings den falschen Lehrern in die Hände gefallen ist, dem wurde die Lust auf mehr Wissen oft für lange Zeit vergällt. So ging es leider vielen Menschen, und es dauert meist sehr lange, bis derart schulgeschädigte wieder so weit sind, Neugierde zu entwickeln und Freude an neuen Erkenntnissen zu haben – zumal nach der Schulzeit, in der uns der Appetit auf Wissen verdorben wurde, weitere Pflichtübungen folgen, die der Ausbildung und des Berufes.

Es ist heute zwar das Schlagwort vom »lebenslangen Lernen« im Umlauf, und das entspricht auch der Realität. Wenn ich nur daran denke, dass ich Tage brauche, um die Funktionen meines brandneuen Handys zu begreifen, kann ich mir vorstellen, wie kompliziert zum Beispiel ein Architektur- oder Grafik-Computerprogramm ist. Aber dieses lebenslange Lernen, das aufgrund ständiger technischer Innovationen notwendig ist, damit wir überhaupt unseren Alltag bewältigen (und eine U-Bahn-Fahrkarte am Automaten lösen oder unseren Kontostand telefonisch abfragen können), hat nichts mit Neugierde zu tun.

Ich habe es bei mir und vielen gleichaltrigen Freunden bemerkt; wir alle hatten bisher keine Zeit, irgendwelchen Hobbys nachzugehen. Spätestens mit 50 packt viele Menschen jedoch eine unbändige Lust, über den Tellerrand des Alltagstrotts und der beruflichen Einspurigkeit hinauszublicken. Da zeigen sich sehr oft ganz ungewohnte Leidenschaften, die vielleicht sehr alltäglich beginnen. Man sucht im Internet nach einem Karnevalskostüm, weil sich irgendjemand in der Firma ein Betriebsfest mit Maskenzwang ausgedacht hat. Plötzlich gerät man beim genervten Herumklicken auf Abwege, bleibt an einem ganz bestimmten Bild hängen, verliebt sich, gibt ein Gebot ab, ersteigert es schließlich für nicht allzu viel Geld. Und schon ist ein Suchender und Wissbegieriger mehr auf der Welt: Das Bild kommt, die Liebe hält an, man beginnt, über den Maler zu recherchieren, interessiert sich für seine anderen Werke und sein künstlerisches Umfeld, in der Folge generell für die Kunst dieser Zeit. Und so wird man über kurz oder lang vielleicht nicht nur zu einem Kenner, sondern sogar zum Sammler, eventuell sogar zum privaten Händler.

Wer sich im Leben halbwegs »eingerichtet« hat, beruflich weiß, wo er steht, und sich von niemandem mehr ein X für ein U vormachen lässt, hat unter Umständen sehr abenteuerlustige graue Zellen. Da tauchen oft immaterielle Wünsche auf, die man sich niemals zugetraut hätte – man bekommt plötzlich Lust, es noch einmal mit einem Buchklassiker zu versuchen, den man in jüngeren Jahren gelangweilt weggelegt hat. Und siehe da, plötzlich hat man ein berauschendes Leseerlebnis und kann die Begeisterung und Freude der anderen endlich nachvollziehen. Und ganz nebenbei stellt sich ein weiterer Effekt ein, der mit Neugierde zu tun hat: Jedes gute Buch zieht ganz automatisch weitere Lektüren nach sich. Wer von einem Thema fasziniert ist, wird sich das Quellenverzeichnis eines Buches genau anschauen und sich darin verzeichnete Bücher besorgen. Wer je der Faszination von Literatur, Film, Musik und bildenden Künsten erlegen ist – und sei es in noch so späten Jahren –, wird so etwas wie ein permanentes Glücksgefühl kennenlernen, sich nie mehr im Leben langweilen und aufhören, sich mit Informationen aus zweiter Hand zu begnügen. Plötzlich werden politische und historische Zusammenhänge erkennbar, tun sich ganze Welten auf, die vorher verschlossen waren. Alles, was man auf diese Weise erfährt, macht jedes Leben reicher, sinnvoller und spannender – und es schenkt Lebenslust.

Haben Sie sich schon einmal überlegt, warum wir Menschen heute so viel älter werden als die Generationen vor uns? Das liegt nicht nur an den Fortschritten der modernen Medizin und Pharmaindustrie, und auch nicht daran, dass uns der menschliche Erfindungsreichtum vor harter, körperlicher Arbeit bewahrt. Ein wichtiger Grund ist auch, dass wir so lange geistig beweglich bleiben, dass es auf der Welt so viel zu wissen und zu entdecken gibt. Selbst ein 1000-jähriges Leben würde nicht ausreichen, alles Wissen dieser Welt »konsumieren« zu können.

Spätestens jetzt, in der Mitte des Lebens, wo wir den Jüngeren in gesundheitlicher Hinsicht noch in nichts nachstehen, sollten wir die Neugier entdecken. Die Wunderwelten des Wissens sind das wahre Reservoir von Lebensenergie und Lebensfreude. Es ist alles in Hülle und Fülle vorhanden, was uns das Leben für die nächsten 50 Jahre lebenswert machen wird.

ZEN-Seite   *Zuhören Erinnern Nachdenken*

Denken Sie an das erste Buch, das Sie als Kind gelesen haben, oder an das, das Sie damals am meisten beeindruckt hat. Können Sie sich noch an den Titel und an den Inhalt erinnern? Schreiben Sie ihn auf:

....

....

....

....

....

Stellen Sie sich vor, es gäbe die Möglichkeit, in ein Buch oder einen Film hineinzuschlüpfen und dort wie in einer realen Welt zu leben. Welches Buch oder welchen Film würden Sie wählen?

....

....

....

....

Etwas zum Nachdenken

Freiheit ist die Möglichkeit, so zu leben, wie du willst.
Cicero

21. Schwarzenegger kontra Einstein

Zugegeben, das ist ein etwas harter Kontrast, womit ich dem muskulösen kalifornischen Gouverneur keineswegs Unrecht tun will (denn nur mit preisgekrönter Muskelkraft wird eine solche Karriere kaum zustande zu bringen sein – also Ehre, wem Ehre gebührt!). Aber es ist eine Tatsache, dass viele 50-Jährige dem Thema Fitness und Gesundheit extrem gegenüberstehen: Die einen übertreiben in Sachen Sport, haben ihn geradezu zum Mittelpunkt ihres Lebens gemacht und sind sogar bereit, mit Chemie nachzuhelfen, um Leistungen zu erreichen, die auf natürliche Weise nicht zu erlangen sind. Die anderen wiederum beachten ihren Körper gar nicht weiter und tun nichts oder so gut wie nichts, um dafür zu sorgen, dass er auch künftig halbwegs »fehlerfrei« zur Verfügung steht.

Beide Gruppen sollten spätestens aus Anlass dieses runden Geburtstags ihre bisherigen Verhaltensweisen überprüfen. Die Leistungsorientierten sollten bedenken, dass irgendwann der Zeitpunkt kommt, wo selbst durch ausdauerndes Training der »New York Marathon« nicht mehr zu gewinnen sein wird. Dann sollte man in der Lage sein, diese Erkenntnis mental zu verkraften, weil man andere – geistige – Herausforderungen gefunden hat, die eine ähnliche Befriedigung verschaffen. Die eher Trägen – zu denen ich gehöre – sollten rechtzeitig bemerken, dass jeder Körper Bedürfnisse hat, deren Nichtbeachtung er bestraft. Auch Augenkrankheiten können mit zu wenig Bewegung zu tun haben, so abwegig das klingen mag. Wer sich erst mit 50 Jahren darüber kundig macht, was es mit einem gesunden Kreislauf auf sich hat, und beispielsweise nicht weiß, wie ein Blutdruckgerät funktioniert und was aus seinen Messergebnissen abzulesen ist, der ist mit dem Erwerb seiner gesundheitlichen Basiskenntnisse relativ spät dran. Das würde übrigens alles nicht passieren, wenn man schon im Kindergarten und in der Schule etwas über Ernährung und gesunde Körperfunktionen erfahren würde. Und den Medizinstudenten mehr über Prävention und Psychologie beibringen würde!

Nun könnte man meinen, dass all diese Kenntnisse über einen gesunden Körper und einen gesunden Geist inklusive Psychosomatik doch weit verbreitet sein sollten, zumal uns immer wieder vor Augen geführt wird, dass die Gesundheit eine »Branche« sei, und zwar eine mit kräftigen Zuwachsraten. Der Werbeetat für Pharmaerzeugnisse, Wellness- und Diät-Produkte ist mittlerweile gigantisch gestiegen; das können wir anhand der ausgeklügelten Werbespots tagaus, tagein beobachten. Beim Betrachter entsteht der Eindruck, er müsse sich ohnedies nicht selber um seine Fitness bemühen, weil ein paar Vitaminpillen alles im Lot halten und professionelle

Hilfe an jeder Ecke zu haben ist. Was die Gelassenheit in diesem Zusammenhang stört, sind eher Themen wie die finanziellen Auswirkungen der Gesundheitsreform. Öffentliche Diskussionen um die Altersgrenze für Hüftgelenksoperationen oder die Möglichkeit, sich gegen künstliche Lebensverlängerung zu entscheiden, fördern auch nicht das Gesundheitsbewusstsein, sondern mutieren zu Moralfragen.

Niemand muss sich darum sorgen, dass er ab seinem 50. Geburtstag plötzlich viel Zeit in Wartezimmern von Ärzten verbringen muss. Das könnte sich allerdings schnell ändern, wenn man im Lauf der kommenden Jahre nicht lernt, gut Freund mit seinem Körper und/oder seinen geistigen Kapazitäten zu werden. Beides gehört gleichberechtigt zusammen, und je früher man das kapiert und vor allem akzeptiert, desto besser. Noch nie wurde es uns leichter gemacht, damit umzugehen:

Wer sich von seinen Büchern partout nicht trennen will, sollte daran denken, dass Hörbücher auch beim Joggen, Nordic Walking oder schlicht beim Spazierengehen gehört werden können. Und wer über komplizierten Vorgängen brütet und dabei vor seinem Computer hockt, kann sein Problem auch bei einer Wanderung durchdenken. Das sind zumindest Kompromisse – dass es von Vorteil ist, jeweils ganz bei der Sache zu sein, egal was man tut, steht wohl außer Zweifel. Mit offenen Augen durch einen Wald zu gehen, ohne über seine Probleme zu grübeln, tief ein- und auszuatmen, sich seiner

Lunge und seiner Muskelbewegungen bewusst zu sein, ist sicher klüger, als die Natur nur am Rande wahrzunehmen. Aber wir wissen: Aller Anfang ist schwer, besonders wenn es um die Veränderung von Gewohnheiten geht. Aber nichts ist unmöglich.

Dass man nicht nur aus Kopf *oder* Körper besteht, sondern aus beidem, ist eine besonders erfreuliche Erkenntnis, die vielen Menschen an diesem markanten Geburtstag ganz neue Perspektiven eröffnen. Wer bereit ist, sie in Taten umzusetzen, wird mit ungeahnten neuen Energien in die zweite Halbzeit gehen.

ZEN-Seite   *Zuhören Erinnern Nachdenken*

Erinnern Sie sich an den Turnunterricht Ihrer ersten Schuljahre. Welche Geräteübungen haben Sie gemocht, und welche haben Sie verabscheut? Gab es eine, in der Sie der/die Klassenbeste waren? Und bei welchen Übungen haben Sie sich regelmäßig blamiert?

....

....

....

....

....

Stellen Sie sich vor, Sie bekämen ein Traumhaus geschenkt und müssten sich entscheiden, ob Sie dazu einen perfekten Tennisplatz oder eine sensationell gut ausgestattete Bibliothek im Gegenwert haben möchten. Was würden Sie wählen?

....

....

....

....

....

Etwas zum Nachdenken

Die Uhr ist das Messinstrument der eigenen Freiheit.

115

22. Du bist, was du isst

Jede »Bewegung« provoziert eine Gegenbewegung. Vielleicht haben wir es also den Fast-Food-Tempeln zu verdanken, dass große Köche inzwischen wie Popstars verehrt werden, dass Kochbücher viele Regalmeter in unseren Buchhandlungen einnehmen und es so viele Kochsendungen im Fernsehen gibt wie noch nie. Dabei wissen die meisten Menschen noch immer viel zu wenig darüber, wie viel Ernährung wirklich mit unserem Gesundheitszustand, unserem Energiehaushalt und unserer körperlichen und geistigen Leistungsfähigkeit zu tun hat. Auch auf diesem Gebiet sind »Glaubenskriege« von erstaunlichem Ausmaß im Gange, die meistens wenig mit fundiertem Wissen zu tun haben.

Man kann es glauben oder auch nicht, wenn ein medizinisch geschulter Mensch rät, im Winter keine Vitamin-C-Bomben zu verzehren, weil Früchte wie Orangen, Mandarinen und Clementinen »kühlen« und deshalb in der kalten Jahreszeit nur zur »Verschleimung« des Körpers beitragen. Und natürlich kann man seine Enkelkinder weiter mit Spinatgerichten »bombardieren«, obwohl man längst weiß, dass der sagenhaft hohe Eisengehalt in Wahrheit auf einem verrutschten Komma beruht. (Frisches Gemüse ist allerdings trotzdem gesund –

Eisengehalt hin oder her.) Man kann auch als Erwachsener ein Milchtrinker bleiben, am liebsten Joghurt essen und viel Milch in seinen Tee oder Kaffee geben, weil man das für besonders gesund hält. Dabei müsste jedem einleuchten, dass damit vielleicht etwas nicht stimmt, weil auch ein Kalb irgendwann aufhört, sich hauptsächlich von Milch zu ernähren.

Auf jeden Fall steht fest, dass die meisten von uns zu wenig über Lebensmittel und Ernährung wissen und wir gerade auf dem Gebiet des Essens ziemliche Analphabeten sind.

Als ich zum ersten Mal hörte, dass man Erdbeergeschmack chemisch aus Sägespänen herausdestillieren kann und ich vermuten durfte, dass sich das Ergebnis in meinem Früchtejoghurt niederschlägt, habe ich aufgehört, die Dinge einfach so zu nehmen, wie sie fertig abgepackt daherkommen. Die Zeiten, in denen wir uns über Holland-Tomaten aufregten, weil die nicht mehr in Erde wuchsen, sondern über Nährlösungsleitungen zum Blühen und Reifen gebracht wurden, sind längst vorbei – wir kaufen sie einfach nicht mehr. Dass es solche Produkte weiterhin gibt, ist klar, denn viele Menschen fragen nicht nach, woher unser Essen kommt. Hauptsache, es ist preiswert. Die Wahl des richtigen Obst- und Gemüsehändlers ist heutzutage ebenso eine Vertrauensfrage wie die Wahl des richtigen Arztes. Und spätestens ab dem Zeitpunkt, an dem unsere Leber nicht mehr mit dem Abbau von Giften klarkommt, hängt beides eng zusammen.

Fragen Sie den Obsthändler, woher seine Ware kommt, ebenso Ihren Metzger oder Bäcker. Sie können beruhigter essen, wenn Ihr Metzger sein Fleisch von einem Hof in der Nähe bezieht. Andernfalls laufen Sie Gefahr, dass Ihr Schnitzel an der Grenze umgestempelt und so zu einheimischer Qualitätsware wurde. Und wenn Ihr Bäcker noch ein paar eigene Brotrezepte hat, können Sie seine Waren entspannt mit Butter bestreichen. Antischimmel-Chemie hat wahrscheinlich auch er in seinem Mehl, aber in der fertigen Rezeptmischung der Bäckereiketten ist der Anteil von künstlichen Zusätzen bestimmt wesentlich höher.

Wahrscheinlich können wir heute den diversen gesetzlich legitimierten Vergiftungen nicht mehr ganz entkommen – aber da, wo es möglich ist, sollten wir wachsam sein. Wenn man hört, dass man Zitronen nur kalt abspülen soll, weil heißes Wasser das Gift ins Innere der Frucht transportiert, sollte man wirklich aufmerksam werden.

Solange der geballte Volkszorn nicht erwacht und die vielgepriesenen und umschmeichelten Konsumenten sich ihrer Marktmacht nicht bewusst werden und sich durch Kaufverweigerung gegen den industriellen Umgang mit Nahrungsmitteln wehren, werden die Nahrungsmittelkonzerne nicht umdenken. Diejenigen, die es sich leisten können, vertrauen auf das Bio-Siegel.

Dass man heute kochen können sollte und auch die Lust darauf immer größer wird, haben wir ja schon eingangs festgestellt. Nur so haben wir einen ungefähren Überblick, was wir unserem Körper in welcher Qualität zuführen. Deshalb sollten wir möglichst viel über die eigentliche Beschaffenheit der Dinge wissen, die die Natur uns schenkt. Vieles davon ist sogar ganz einfach zu erkennen: Ein kleiner Apfel wird logischerweise mehr Geschmack in sich haben als einer von derselben Sorte, der durch Zucht auf doppelte Größe »aufgeblasen« wurde.

Alles, was mit Essen und Trinken zu tun hat, ist ein sehr weites und sehr spannendes Feld. Spätestens mit dem 50. Geburtstag sollte man nicht nur auf den Genuss achten, sondern auch darauf, was wirklich dahintersteckt, wenn wir unseren Gaumen erfreuen. So wie die Axt im Hause angeblich den Zimmermann erspart, so ersparen Kenntnisse über unsere Ernährung ganz gewiss so manchen Arztbesuch.

ZEN-Seite *Zuhören Erinnern Nachdenken*

Kinder haben Lieblingsgerichte und solche, die sie nicht leiden können. Erinnern Sie sich, bei welchen Gerichten es regelmäßig Stress gab, weil Sie sie nicht essen wollten? Schreiben Sie Ihre dramatischste »Suppenkasper«-Geschichte auf.

....

....

....

....

Stellen Sie sich vor, Sie hätten in einem Preisrätsel gewonnen und könnten sich ein Jahr lang wöchentlich aus dem besten Feinkostladen der Stadt alles kostenlos liefern lassen, was Ihr Herz begehrt (Alkohol ausgenommen). Schreiben Sie auf, was Ihre zehn favorisierten Lebensmittel wären:

....

....

....

....

Etwas zum Nachdenken

Freiheit heißt auch, sich seine Abhängigkeiten selbst wählen zu dürfen.

120

23. Glück, das auf der Zunge zergeht

Den meisten unserer Eltern und Großeltern ist es leider nicht mehr beizubringen, wie wichtig und gesundheitsfördernd richtiges Entspannen und Genießen ist. Als ich meiner über 80-jährigen Tante einmal einen Granatapfel vom Markt mitbrachte, weil ich wusste, dass sie neugierig ist und so eine Frucht sicher noch nie gegessen hatte, endete diese Liebesgabe mit einer beiderseitigen Enttäuschung: Sie hat ihn aus Sparsamkeitsgründen so lange aufgehoben, bis er fast ausgetrocknet war. Aus demselben Grund haben wir als Kinder oft von alten Leuten weißfleckige Schokolade geschenkt bekommen, die nicht mehr richtig schmeckte, sondern nur mehr auf fade Weise süß war. Sie war viel zu lange in den Tiefen von Schränken und Schubladen gebunkert worden. Die Generationen vor uns haben die Hungerzeit der beiden Kriege dermaßen verinnerlicht, dass sie einfach nicht mehr entspannt und ohne Sorge genießen konnten. So wurden manche von ihnen hortende Eichhörnchen.

Viele der heutigen Endvierziger haben ein ähnliches Problem, allerdings basierend auf völlig anderen Ursachen und unter umgekehrten Vorzeichen. Bei ihnen wird Schokolade nicht alt, sondern gedankenlos »verputzt«. Ganz ehrlich: Wie oft haben Sie schon einmal aus Frust oder in Ermangelung von anderem Essbaren im Haus eine ganze Tafel Schokolade verdrückt? Mit Genuss hat das natürlich nichts zu tun. Gute Dinge (wie Essen, Musik und Sex) muss man entspannt genießen – sie nur zu konsumieren, löst keine Glückshormonausschüttung, sondern lediglich Frustrationen aus. Frühstücken im Stehen, während man sich die Bluse in den Rock stopft, mit dem Kopf schon im Büro ist und gleichzeitig an die notwendigen abendlichen Einkäufe denkt, ist kein guter Tagesanfang. Pulverkaffee, Teebeutel, Konserven und tiefgekühlter »Fertigschmeck« – wie Gerhard Polt industrielles Essen so treffend benannt hat – sind eines erwachsenen, denkenden Menschen nicht würdig. Werfen Sie das Zeug aus der Küche.

Was richtiger Kaffeegenuss ist, erfährt man in Wien, wenn man eine Kaffee-»Speisekarte« vor sich hat und endlich einmal sieht, wie viele Arten der Kaffeezubereitung kreative, genussfreudige Menschen sich zu unserer Gaumenfreude ausgedacht haben. Man muss auch kein Japanologe sein, um ermessen zu können, warum für ein Getränk wie Tee aus gutem Grund eine eigene Zeremonie erdacht wurde. Tee ist einfach mehr als heißes Wasser mit Geschmack. Alle guten Dinge sind mehr als die Summe ihrer Bestandteile. Viel mehr. Honig ist nicht einfach eine süße Sache. Denken Sie einmal daran, was alles geschehen musste, damit es ihn gibt: Eis und Schnee mussten schmelzen, die Sonne musste scheinen, damit Pflanzen Blätter und Blüten austreiben konnten, ein ganzes Volk von Bienen musste unterwegs sein und Blütenstaub Körnchen für Körnchen sammeln, wieder den Weg nach Hause in ihr architektonisches Wunderwerk finden … und dann geht die Arbeit erst richtig los. Genießen beginnt, wenn man sich gelegentlich solche oder ähnliche Gedanken macht.

Alles, was gut und sinnvoll für unser Wohlbefinden ist, braucht Zeit. Deshalb sind gute Köche nicht nur ZEN-Meister der Warenkunde, sondern auch Hohepriester der Zeit. Sie wissen um die vielen Arbeitsstunden und die Sorgfalt, die ihre Lieferanten in die Aufzucht von gesunden Tieren und giftfreiem Obst und Gemüse stecken, und gehen daher selbst entsprechend respektvoll mit den Lebensmitteln um, die sie durch ihre Kochkunst zu ihrer vollen, geschmacklichen Höchstform bringen. Wo die Natur das Sagen hat, ist kein chemisches und künstliches Nachbessern vonnöten. Ein Sterne-Restaurant nur deshalb zu besuchen, weil es in der »Sammlung« noch fehlt und man später damit angeben will, ist eine Sünde.

Nicht nur mit dem Essen gehen viele Stress-Menschen derart lieblos und falsch um, sondern auch mit ihren Körpern. Warum auf die Haltung achten, wenn ein Masseur unsere armen Muskeln doch durch ein paar Massagen – schnell zwischen Büroschluss und Einkauf – wieder vom Schmerz befreien kann? Und dann alles wieder von vorn. So machen wir aus allem Konsum. Sogar aus uns selbst. Der Konsum frisst seine Kinder.

Eine der wichtigsten Lektionen, die uns der 50. Geburtstag lehren kann und soll: Bekommen Sie wieder ein Gefühl dafür, was es bedeutet, zu genießen. Spüren Sie unter den Händen einer Kosmetikerin oder eines Masseurs den eigenen Körper wieder, bemerken Sie, wie er auf diese Wohltat reagiert und geradezu dankbar antwortet, lassen Sie sich nicht nur mit musikalischem Fast Food berieseln, sondern wählen Sie wohlüberlegt die Musik aus, die Ihre Seele gerade wirklich braucht, entdecken Sie den Knopf auf der Fernbedienung wieder, der der Durchschnittlichkeit des Programms ein Ende macht – es ist nicht schwer, das »gute Leben« wiederzuentdecken. Man muss nur damit beginnen. Und zwar spätestens jetzt.

ZEN-Seite   *Zuhören Erinnern Nachdenken*

Denken Sie an die Geruchswelt Ihrer Kindheit, an den Zimt-
duft, der zu Weihnachten durch die Wohnung zog, oder an
den Geruch des Fells Ihrer Katze, wenn sie lange faul in der
Sonne gelegen hatte. Schreiben Sie Ihre Lieblingsgerüche
von damals auf:

....

....

Wenn Sie die Wahl hätten, drei verschiedene, stark duftende
Rosenstöcke für Ihren Garten oder drei Sorten kostbarer Parfüms geschenkt zu bekommen, wofür würden Sie sich entscheiden? Und wenn Sie die Wahl zwischen einem kosten-
losen »Jahresabonnement« Ihrer Lieblingsschokolade oder
dem weltbesten Rezept von Mousse au Chocolat hätten, wofür würden Sie sich entscheiden?

....

....

Etwas zum Nachdenken

*Leben allein genügt nicht, sagte der Schmetterling. Sonnen-
schein, Freiheit und eine kleine Blume muss man auch haben.*
Hans Christian Andersen

24. Nur wer loslässt, lernt fliegen

Es heißt zwar, Ordnung sei das halbe Leben – aber zu Recht ist eben nur von der Hälfte die Rede. Zudem wissen Systemforscher längst vom enormen Kreativitätspotenzial des Chaos zu berichten. Aber selbst wenn man nicht jedem neuen Management-Trend glaubt (weil man längst weiß, dass ihre Erfindung meist nur der Eröffnung neuer Geschäftsfelder dient): Falsch verstandene Ordnungsliebe engt unseren Lebensraum ein und nimmt uns die Luft zum Atmen. Sie füllt Schubladen, Regale, Schränke und beschwert meistens auch die Seele. Wer etwas vom Leben versteht, der weiß, dass es klug und von Vorteil ist, sich gelegentlich auch von Dingen (und Wünschen) zu trennen.

Sobald sich so viele Plastiktüten angesammelt haben, dass man seinen Mülleimer damit auf Wochen hinaus bestücken kann (um Mülltüten zu sparen, was durchaus löblich ist – es gibt mehr als genug Plastik auf der Welt), sollte man aufhören, sie sauber gefaltet zu horten. Der Nachschub ist dann ganz offensichtlich gesichert. Wer niemals Marmelade einkocht, muss auch keine Gläser dafür sammeln, und weshalb Menschen Joghurtbecher aufheben, habe ich sowieso noch nie verstanden. (Nur Gummiringe fehlen immer, wenn man sie sucht. Zumindest bei mir ist das so.) Falls Sie jetzt denken, das seien doch alles Banalitäten, haben Sie natürlich vollkommen recht. Das Problem ist jedoch, dass wir es mit wichtigeren Dingen im Leben oft genauso halten. Wir wollen einfach nicht loslassen, uns vom Gewohnten nicht trennen.

Zugegeben – Trennungen sind schmerzhaft. Auch die von Dingen. Aber seien Sie ehrlich: Welchen Grund gibt es, zu enge oder zu weit gewordene Klamotten aufzuheben und die Schränke damit jahrelang zu verstopfen? Es gibt genügend Stellen, an denen man sie abgeben kann und damit sogar noch etwas Sinnvolles zugunsten anderer tut. Mir ist zum Beispiel um meinen 50. Geburtstag herum aufgefallen, dass Schuhe mit hohen Absätzen im Regal immer weiter nach oben wanderten, weil ich längst fast ausschließlich flache Flitzer trug. Warum standen diese Pracht-Pumps also noch ungenutzt herum (und setzen Staub an)? Mir wurde bald klar, warum ich sie nicht weggegeben hatte: aus purer Sentimentalität. Es sind bestimmte Erinnerungen damit verbunden. Ereignisse, Anlässe, zu denen ich dieses Edelschuhwerk getragen habe. Irgendwann aber begriff ich, dass ich für diese Erinnerungen keine Platzhalter brauche. Und ließ los. Und schuf damit Platz für die Gegenwart.

Viele Dinge in unserem Umfeld stehen einfach nur herum. Die Zeit, in der sie uns etwas bedeutet haben, ist vorbei, von Wichtigerem überlagert, und unser Blick erfasst sie gar nicht mehr. Sie sind quasi unsichtbar für uns geworden, obwohl sie Platz wegnehmen und – das ist viel entscheidender – die Harmonie stören. Wenn das passiert, sollte man sie demjenigen schenken, der sie entdeckt. Wer Freude und Gefallen an dem Würfel aus Glas findet, der Ihnen vor 20 Jahren im Kasino von Baden-Baden geschenkt wurde, oder an dem englischen Spielzeugtaxi, das Sie in Soho gekauft haben, als Sie vor Ewigkeiten zum ersten Mal in London waren, der soll die Sachen behalten. Die Vorstellung, dass Dinge auf diese Weise wandern, dadurch immer neue Bedeutungen erfahren und ihnen durch Emotionen immer wieder neues Leben eingehaucht wird, ist doch sehr hübsch, finden Sie nicht?

Loslassen zu können ist eine große Kunst. Das Loslassen von Dingen fällt uns dabei oft sehr viel leichter als das Loslassen von überkommenen Gewohnheiten. Wer sein Leben lang seine Hauptmahlzeit am Abend zu sich genommen hat, wird sich sehr schwertun, das zu ändern. Selbst dann, wenn er weiß, dass er seinem Körper und seinen inneren Organen einen großen Gefallen täte, wenn er sie zwischen sechs Uhr abends und sechs Uhr morgens nicht mit Arbeit eindecken würde.

Ähnlich geht es uns mit den Gewohnheiten und Verhaltensweisen von Mitmenschen. Anstatt sie so zu akzeptieren, wie sie sind, meinen wir immer und immer wieder, wir könnten sie umerziehen, sie nach unseren Wünschen formen. Wenn uns Verhaltensweisen anderer so sehr stören und unser eigenes Wohlbefinden so sehr beeinträchtigen, dass wir sie nicht aushalten, müssen wir Konsequenzen ziehen. Spätestens in der Mitte des Lebens muss man sich klar darüber werden, dass man weder Wohlverhalten noch Sympathie oder gar Liebe erzwingen kann. Die Zankereien und Kräche um die immer gleichen Anlässe und selbst die raffiniertesten Psychospielchen nützen gar nichts. Sie erzeugen nur schlechte Schwingungen und machen alle Beteiligten freudlos oder gar krank. Oft genügt es ja durchaus, seine eigenen »Ansprüche« in Bezug auf Mitmenschen zu überprüfen und loszulassen. Oder den Menschen, der uns nicht »gut genug« ist, einfach in Ruhe (ziehen) zu lassen. Nur wer sich und andere nicht beschwert, hat die Chance, »fliegen« zu lernen, das heißt ohne Ärger und glücklich zu leben. Ab dem 50. Geburtstag kann man die geballten Fäuste des »Ich will aber unbedingt!« getrost öffnen. Das löst viele Probleme wie von Zauberhand. Und schafft ganz unvermutete Freiräume, Ordnungen und Freuden. Und Frieden.

ZEN-Seite   *Zuhören Erinnern Nachdenken*

Rechnen Sie einmal nach, wie viel Zeit Sie im Lauf einer Woche damit verbringen, etwas zu suchen – fünf Minuten, zehn Minuten oder gar eine halbe Stunde? Wem in Ihrer Familie ging es zur Zeit Ihrer Kindheit genauso? Erinnern Sie sich:

....

....

....

....

Wenn eine gute Fee Ihnen vier Wünsche zur Auswahl gäbe, von denen sie einen erfüllt, welchen würden Sie wählen und warum: perfektes Organisationstalent, perfektes Erinnerungsvermögen, Toleranz oder die Geduld, Schwächen von Mitmenschen zu ertragen?

....

....

....

....

Etwas zum Nachdenken

Freiheit liegt jenseits der Mauern, die wir selbst errichten.

25. Wer spricht denn da?

Es gibt »jemanden«, auf den sollte man unbedingt hören. Die einen nennen diesen zuverlässigen Ratgeber schlicht und einfach »Bauch« und sprechen davon, sich bei wichtigen, aber schwierigen Entscheidungen auf ihn verlassen zu können. Andere wiederum bezeichnen dieses Phänomen als die »innere Stimme«. Wieder andere sehen in diesem unverzichtbaren Lebensbegleiter so etwas wie den persönlichen Schutzengel, den jeder von uns hat, wie uns schon als Kindern versichert wurde. Aber völlig egal wie und mit welchen Lehren und Religionen wir groß geworden sind – dass es mehr gibt als »nur« unseren Verstand, hat fast jeder, der in »unser« Alter kommt, schon mehrfach erfahren.

Der berühmte Chirurg Sauerbruch soll einmal gesagt haben, er habe schon Hunderte von Patienten aufgeschnitten, aber auf eine Seele sei er dabei nicht ein einziges Mal gestoßen. Er war eben ein sogenannter Verstandesmensch. Und trotzdem kann sich jeder unter der Formulierung »seelenlos« etwas vorstellen: das Fehlen jeglicher Emotion und Innerlichkeit. Das kann übrigens nicht nur für Menschen, sondern auch für Dinge gelten, zum Beispiel für kommerzielle Kunst. Dass sich in unserem Inneren, in unserem »Herzen« mehr abspielt, als chemisch und physikalisch messbar ist, weiß jeder, der sich schon einmal mit seinen Träumen auseinandergesetzt hat. Da laufen gelegentlich Filme ab, die Hollywoods Filmwerkstätten vor Neid erblassen ließen. Und mittendrin befinden sich versteckte Botschaften, die so verblüffend einleuchtend, klug und wahr sind, dass man es kaum fassen kann – vorausgesetzt, man erinnert sich an den Traum und nimmt sich die Zeit, ihn zu analysieren. Natürlich wissen wir alle, dass dieses nächtliche Cinemascope lediglich unsere eigenen Ängste und Hoffnungen widerspiegelt. Die Frage ist nur, weshalb sie uns im Wachzustand selten so klar durch den Kopf gehen, uns meistens gar nicht bewusst werden? Die Antwort ist nicht allzu schwer: Es ist um uns zu laut, und es ist zu grell.

Wir haben in jeder Beziehung verlernt, auf die leisen Töne zu hören. Das weiß jeder Werbefachmann und jeder Journalist, der für Schlagzeilen zuständig ist. Darum müssen die Böllerschüsse nicht nur dieser Berufsgruppen auch immer lauter werden; so laut, dass sie mit Inhalten und Informationen oft gar nichts mehr zu tun haben und man als Mediennutzer ziemlich tief schürfen muss, bevor man auf den Kern der Information stößt. Haben Sie bemerkt, dass die Stille fast aus unserem Leben verschwunden ist? Musik und Werbung werden im Lift gespielt, Musik und Werbung dröhnen aus dem Autoradio, Durchsagen erfreuen uns im Supermarkt – und die Werbeblöcke im Fernsehen werden sogar mit erhöhter Lautstärke gezeigt. Für bestimmte Sender ist Programm nur mehr dazu da, um die Pausen zwischen den Werbespots zu füllen.

Um uns herum tobt also ständig der Bär. Der moderne Mensch ist ein fremdbestimmter Zappelphilipp geworden. Es leuchtet, dröhnt, blitzt und blinkt, so dass uns Hören und Sehen im wahrsten Sinne des Wortes längst vergangen ist. Was soll eine kleine, leise »innere Stimme« dagegen ausrichten?

Natürlich sind wir uns dessen bewusst – aber wir finden zu oft die Knöpfe nicht mehr, die fürs Abschalten gemacht wurden. Und dafür haben wir ausführliche Erklärungen: Ein bisschen Unterhaltung nach einem langen Arbeitstag wird doch wohl erlaubt sein? Das ist übrigens meine persönliche Ausrede für zu viel TV-Konsum.

Nur nicht aus dem Tritt kommen, unbedingt den Reizpegel halten, sonst ... ja, was wäre dann wohl?

Dann würden wir unsere innere Stimme sagen hören, dass Schmerztabletten nur kurzfristige Lösungen sind, weil Schmerz keine Krankheit, sondern ein Warnsignal ist. Vielleicht würde uns die Stimme auch daran erinnern, dass es auch noch Menschen gibt, die man mal wieder anrufen und sehen sollte, dass ein gutes Buch jeden Frustkauf aufwiegt und es ein Zeichen von Intelligenz ist, einmal nichts anderes zu tun, als nur den Zug der Wolken zu beobachten, dem Rauschen der Blätter zu lauschen und den Pflanzen beim Wachsen zuzuschauen. Wenn man ganz ruhig wird, endlich einmal aufhört, zu zappeln, zu machen und zu tun, wird man feststellen, dass sich im eigenen Inneren – egal ob Sie es Herz oder Seele nennen – eine ganze Menge tut. So viel, dass sogar unser fast entschlafener Geist wieder aufwacht. Diesen selten gewordenen Zustand der Wachheit und des Bei-sich-Seins sollte man gelegentlich bewusst herbeiführen. Dann hört man vielleicht nicht nur wertvolle Nachrichten der inneren Stimme, sondern gelegentlich eventuell sogar »das Gras wachsen«. Und das ist eine gefragte Eigenschaft – Trendforscher leben davon. Sie macht 50-Jährige ungeheuer wertvoll. Das spricht sich übrigens gerade herum.

ZEN-Seite   *Zuhören Erinnern Nachdenken*

Haben Sie einen Standardtraum, der immer wiederkehrt? Beschreiben Sie diesen Traum und auch, in welchen Lebenssituationen er auftaucht:

....

....

....

....

....

Nehmen Sie einmal an, es gäbe Schutzengel wirklich: Wie stellen Sie sich den Ihren vor? Beschreiben Sie ihn und seine wichtigsten Eigenschaften:

....

....

....

....

....

Etwas zum Nachdenken

Ein Vogel, der im Käfig aufgewachsen ist, hat es in der Freiheit schwer.

26. Niemand ist eine Insel

Es gibt eine große Falle, in die man ab jetzt keinesfalls tappen darf: die Meinungsfalle. Erfahrungen, die man im Lauf dieses immerhin 50-jährigen Lebens gemacht hat, können einen leicht dazu verführen, Standpunkte, die man einmal eingenommen hat, nicht mehr zu verändern. Starre Haltungen sind jedoch der Anfang vom Ende.

Nehmen wir ein ganz harmloses Beispiel: Als das Handy erfunden wurde, stand ich diesem ewigen Geklingel um mich herum äußerst skeptisch gegenüber. Damals gab es noch keine Benimmregeln für den Gebrauch des Mobiltelefons, und jeder plapperte drauflos, egal wo er sich befand, ohne Rücksicht auf den Rest der Menschheit. Ich – und viele andere – wollten einfach nicht wissen, warum der Handy-Brüller erst zehn Minuten später nach Hause kommen würde oder dass er im Baumarkt zufällig Onkel Franz getroffen hatte. Meine Meinung stand fest: Handys sind ordinär, völlig überflüssig, belästigen die Umwelt, und ständige Erreichbarkeit ist eine »Dienstboten«-Eigenschaft. Sie werden es schon erraten haben: Natürlich habe ich inzwischen auch schon viele Jahre so ein kleines Ding, und es tut gelegentlich angenehme Dienste. Außerdem hat es einen

Knopf zum Ausschalten. (In Italien gibt es einen berühmt gewordenen Handy-Spruch: »Butta la pasta!« Das heißt: Du kannst die Nudeln schon mal in den Topf werfen! So weiß die Hausfrau, dass die Hungrigen nur noch wenige Minuten von zu Hause entfernt sind.)

Nun ist zwar die Gefahr, dass Menschen, die in der Blüte ihres Lebens stehen, technische Innovationen nicht mehr »annehmen«, nicht sehr groß. Dazu wird man schon allein durch den Arbeitsalltag ständig angehalten, wenn nicht gar gezwungen. Viel wichtiger ist es, gesellschaftliche Diskussionen und den Austausch damit verbundener Argumente mitzuverfolgen. Menschen neigen dazu, sich ihre Informationen immer aus bekannten Quellen zu holen, unter anderem auch deshalb, weil sie da zu hören bekommen, was ihren ohnedies schon vorhandenen Meinungen entspricht. Der berühmte »Aha-Effekt«, über den wir in anderem Zusammenhang schon sprachen, verschafft zwar ein angenehmes, gemeinschaftliches Gefühl des Eingebettet-Seins und des Verstanden-Werdens, sorgt aber gleichzeitig dafür, dass man sich geistig nicht bewegen muss. Wie unangenehm, geradezu verheerend sich das auswirken kann, fällt oft dann auf, wenn man nach vielen Jahren alte Bekannte trifft, die man lange Zeit aus den Augen verloren hat. Wenn sich nach der ersten Phase des Erinnerungsaustausches eine gewisse Langeweile einstellt, ist man zunächst irritiert, weiß aber noch nicht so genau, woher das kommt. Nach ein, zwei Bierchen trennt man sich wieder – natürlich nicht, ohne sich höflich zu versichern, den Kontakt aber diesmal nicht wieder so lange abreißen zu lassen – und stellt auf dem Heimweg rekapitulierend und bass erstaunt fest, wie sehr diese Menschen »stehengeblieben« sind. Sie lesen immer noch ausschließlich das ganz bestimmte Nachrichtenmagazin und die ganz bestimmte Tageszeitung, lassen nach wie vor aus Prinzip kein gutes Haar an Politikern einer bestimmten Partei und haben immer noch dieselben Kalauer drauf.

Wiedersehen dieser Art machen mich immer sehr betroffen, weil ich daran erkenne, wie es aussieht, wenn jemand innerlich alt wird, nicht mehr am aktuellen Leben teilnimmt, einfach nicht mehr »mitspielt«. So ähnlich wie die berühmten drei Affen, die nicht sehen, nicht hören und nicht sprechen. Das ist erschreckend, vor allem dann, wenn es eben Leute in unserem Alter sind, die mitten im Leben stehen und gesellschaftlich etwas bewegen und mitgestalten sollten. Wer, wenn nicht wir oder zumindest viele unserer Generation, die zwischen den Jungen und den Alten stehen?

Begegnungen dieser Art haben aber auch etwas Heilsames. Sie bringen uns zum Nachdenken. Über uns selbst, unsere Einstellung zum Leben, zur Welt. Und sie veranlassen uns zur Überprüfung von Standpunkten. Man muss seine Meinungen nicht gleich so oft wechseln wie die Unterwäsche und auch sein Fähnchen nicht nach dem Wind hängen, nur um mit Gewalt jung und modern zu sein. Aber vor endgültigen Festlegungen sollte sich jeder von uns dringend hüten. Vorurteile und Klischees sind zwar unentbehrlich auf dieser Welt, schon deshalb, weil wir alle einen Standort brauchen, von dem aus wir das Leben und Treiben in Augenschein nehmen können. Und an irgendeinem Punkt muss man schließlich mit der Besichtigung der Welt beginnen. Aber dieser Aussichtspunkt muss in die Betrachtung des Ganzen mit einbezogen und daher auch mal gewechselt werden, so wie kein Landschaftsfotograf seine Bilder immer nur aus einem Blickwinkel schießt.

Wer in der Mitte des Lebens angekommen ist, hat eine Gewissheit – und die ist einer der schönsten Gründe für das Glück dieses Alters: Das Leben ist nicht gelaufen, wenn der richtige Partner gefunden, die Kinder geboren und das Haus gebaut ist. Danach tun sich plötzlich ganz neue Blickwinkel auf, ganz neue Standpunkte – und die sind sehr oft ganz anders als die, die man in den Jahrzehnten vorher eingenommen hat. Da können sogar die Alpen verschwinden, und man hat plötzlich freie Sicht aufs Mittelmeer. Klimawechsel ist gesund!

ZEN-Seite   *Zuhören Erinnern Nachdenken*

Was dachten Sie als Kind – bevor Sie aufgeklärt wurden –,
woher die kleinen Babys kommen? Wie lange glaubten Sie
an das Christkind und den Osterhasen? Beschreiben Sie Ihre
»Enttäuschung«, als Sie die Wahrheit erfahren haben:

....

....

....

....

....

Falls sich bei einer Routineuntersuchung herausstellen würde, dass ein Familienmitglied an einer schweren Krankheit
leidet – würden Sie ihm die volle Wahrheit sagen oder die
Fakten herunterspielen, in der Hoffnung auf einen guten Ausgang?

....

....

....

....

Etwas zum Nachdenken

*Die Freiheit der Meinung setzt voraus, dass man überhaupt
eine hat.*

Heinrich Heine

27. Schmetterlinge weinen nicht

Ist das sicher? Schmetterlingsforscher wissen bestimmt mehr darüber. Im Gegensatz dazu wissen wir über die menschliche Fähigkeit, Tränen zu vergießen, ziemlich genau Bescheid. Wer kann sich nicht an das eigene, kindliche Erstaunen erinnern, als wir das erste Mal entdeckten, dass Tränen salzig schmecken? Vielleicht kommt daher das poetische Bild vom »Tränenmeer«?

Dabei ist das erlösende Weinen etwas, das man uns Menschenkindern relativ schnell abzugewöhnen versucht. Es wird uns geradezu ausgeredet: »Kein Grund zum Weinen!«, »Jungs weinen nicht, du bist doch kein Mädchen!«, »Hör bloß auf zu weinen, das ändert doch auch nichts!« Wie oft haben wir solche oder ähnliche Sätze in unserer Kindheit gehört – und sie uns gut gemerkt. Weinen gilt unter Erwachsenen als verpönt und als Zeichen dafür, dass man seine Emotionen nicht im Griff hat. Wer weint, ist schwach. Schwäche gilt nichts in unserer Gesellschaft, sie ist so negativ besetzt wie Krankheit und Armut. Da hat man uns leider etwas Falsches, etwas Verhängnisvolles eingeimpft, das es spätestens im neuen Lebensabschnitt zu überdenken und zu korrigieren gilt. Aber keine Sorge, ich will niemanden anregen, zur Heulsuse zu werden. Ich möchte Ihnen nur etwas empfehlen.

Dass wir in unseren westlichen Gesellschaftsmodellen nur das Starke, das Erfolgreiche und Gesunde akzeptieren und sogar anbeten wie einen Fetisch, ist die Achillesferse unseres Wohlstands. Immer schön »cool« bleiben, die Fassade der Gelassenheit aufrechterhalten, wie es da drinnen ausschaut, geht keinen was an. Wenn dieses Verhalten vor Fremden aus Gründen der Diskretion und Höflichkeit noch einigermaßen Sinn macht, so wird es jedoch spätestens dann gesundheitsschädlich – und zwar körperlich wie seelisch –, wenn es vor unseren eigenen Wohnungstüren nicht haltmacht. Man muss nicht gleich zum Hypochonder werden, wenn man sich zu Hause seinen Schnupfen und ein bisschen Gestöhne gönnt. Keiner wird seinen Partner deshalb geringer schätzen, weil der sich einmal so richtig ausheulen will. Im Gegenteil: Ein vor Schmerz und Kummer verkniffenes Gesicht ohne irgendeine Erklärung vermiest die Stimmung und lässt einen ratlosen Partner zurück. Wer so mit seinen kleineren oder größeren Wehwehchen umgeht, weiß im Grunde seines Herzens genau, dass er den engsten Vertrauten damit einen Teil der Verantwortung zuschiebt. Vom enormen Energieverbrauch, den diese Anstrengung des Verbergens von Schmerzen oder Kummer zur Folge hat, gar nicht zu reden. Wer zu feige ist, Schwäche zu zeigen, belästigt andere gerade dadurch, dass er niemanden damit behelligen will – und macht dadurch alles noch viel schlimmer.

Mit Erreichen der Lebensmitte und dem ersten Anflug einer gewissen »Weisheit« sollte man wissen, dass uns die Natur zwei Freunde an die Seite gestellt hat, die allerdings sehr viele von uns permanent als Feinde sehen: die Angst und den Schmerz. Beide wollen wir nicht in unserem Leben haben, sperren sie aus, unterdrücken sie und lassen sie beziehungsweise ihre Folgen dadurch mächtig und konstant werden – nur, weil wir glauben, sie machen uns schwach. Das Gegenteil ist der Fall. Schmerz ist eine Art Postbote. Er bringt lediglich die Nachricht, dass irgendwo etwas nicht stimmt, und fordert zu Recherche und Handlung auf. Angst hat eine ganz ähnliche Funktion: Sie will warnen, zu Vorsicht und Aufmerksamkeit mahnen. Sie signalisiert ebenso wie der Schmerz, dass wir uns verrennen, falsch verhalten, etwas nicht wahrnehmen, was wir wahrnehmen sollten. Beides, der Schmerz und die Angst, sollte uns veranlassen, genauer hinzuschauen – und zwar auf uns, unseren Körper, unser Leben. Genau das Gegenteil zu tun, den Starken zu spielen und die Botschaften zu ignorieren, ist so, als würden wir unseren besten Freunden den Zutritt in unser Haus verweigern. Wir sind mit allen Geistesgaben ausgestattet, um die Botschaften, die uns erreichen sollen, zu enträtseln. Zudem haben wir noch unsere »innere Stimme«, auf die wir hören könnten, wenn wir nur wollten. Schmerz und Angst wollen sich nicht als Dauergäste einquartieren. Sie gehen gerne und ganz von selbst wieder, wenn ihre Nachricht angekommen ist und wir uns mit dem »Absender« beschäftigen.

Die richtige Einschätzung der Bedeutung von (gespielter) Stärke und von (verleugneter) Schwäche ist eine wichtige Lernaufgabe für unsere Generation – jetzt sind wir noch stark und jung genug dafür. Denn irgendwann in der Zukunft werden wir diese Kenntnisse brauchen. Heldenrollen werden im Leben nur selten vergeben, und ganz ehrlich: Sie nehmen doch fast immer ein tragisches Ende. Wirklich stark ist nur der, der es sich selbst erlaubt, auch einmal schwach zu sein.

ZEN-Seite *Zuhören Erinnern Nachdenken*

Hat es in Ihrer Kindheit Geschichten und Märchen gegeben, vor denen Sie sich gefürchtet haben? Welche waren das? Konnten Sie damals allein im Dunkeln einschlafen, oder musste das Licht in Ihrem Zimmer angelassen werden – wenn ja, wovor haben Sie sich geängstigt?

....

....

....

Stellen Sie sich vor, Sie hätten die Möglichkeit, drei große Helden aus Geschichte, Literatur und Film persönlich zu treffen und näher kennenzulernen. Für wen würden Sie sich entscheiden und warum?

....

....

....

....

Etwas zum Nachdenken

Mir ist die gefährliche Freiheit lieber als eine ruhige Knechtschaft.

Jean-Jacques Rousseau

28. Von blauen und von grauen Tagen

Disziplin ist die preußischste aller Tugenden. Wer diszipliniert sein kann, ist zu bewundern, aber auch manchmal zu bemitleiden. Wer nicht gelegentlich über die Stränge schlägt, hat niemals etwas zu bedauern. Das mag zwar das Gewissen beruhigen, kann aber auch ganz schön langweilig sein. Und ewig gleichbleibende Gewohnheiten ähneln ausgetretenen Pfaden, die man zwar mit traumwandlerischer Sicherheit gehen kann, auf denen man aber nichts Neues sieht und hört.

Ich gebe es ganz offen zu – ich gehöre zu denen, die vom Über-die-Stränge-Schlagen mehr verstehen als von vornehmer Zurückhaltung. (Man sieht mir meine Sünden auch an!)

Menschen mit eiserner Disziplin und unverrückbaren Gewohnheiten sind jedoch nicht immer freiwillig willensstark und berechenbar: Viele von ihnen haben immer noch die mahnenden Stimmen ihrer Eltern und Lehrer im Kopf. Sie verhalten sich nicht aus eigener Einsicht so charakterstark (oder stur), sondern aus anerzogener »Folgsamkeit«. Das fängt bei harmlosen Kleinigkeiten an: Als ich mein erstes Auto hatte, tankte ich prinzipiell nur bei Aral, selbst wenn ich riskierte, mit dem allerletzten Tropfen Kraftstoff dort anzukommen.

Irgendwann nach dieser seltsamen Markentreue befragt (der Tank war leer, wir saßen fest und das, obwohl ich bei mehreren Tankstellen mir nicht genehmer Firmen vorbeigefahren war), wurde mir schlagartig klar, dass ich, ohne je darüber nachzudenken, eine Gewohnheit meines Vaters übernommen hatte. Wie ein Pawlowscher Hund. Dasselbe Verhalten betraf meinen Waschmitteleinkauf: Es kamen mir ausschließlich die Waschpulverkartons der Marke in den Einkaufswagen, die meine Mutter immer benutzt hatte.

Auch Essgewohnheiten übernehmen wir oft von unseren Erziehern. So laufen wir jahrelang mit der falschen Überzeugung herum, dass man von Austern auf jeden Fall Gelbsucht bekäme, Spinat nicht aufgewärmt werden dürfe (weil er sonst giftig wird) und Margarine gesünder sei als Butter. Man läuft auch nicht barfuß in der eigenen Wohnung herum, sondern trägt auf jeden Fall Hausschuhe. Und natürlich schläft man nicht nackt, sondern trägt sittsam Pyjama oder Nachthemd. Mit all diesen Vorurteilen und merkwürdigen Vorschriften kann man in unserem Alter Schluss machen.

Ich finde, man sollte im Lauf seines Lebens unterscheiden gelernt haben, welche althergebrachten – aber auch selbst angenommenen – Verhaltensweisen und Ansichten nützlich und sinnvoll sind und welche sich durch besseres Wissen oder Selbstbewusstsein überholt haben. Vieles von dem längst überholten Zeitgeistkram längst vergangener Tage hat sich im Lauf unserer vier

Lebensjahrzehnte schon von selbst erledigt. Wir sind, kulinarisch gesehen, schon längst gute Italiener geworden (wer würde Spaghetti oder Lasagne heute noch für ein »ausländisches« Gericht halten?) und halten eine Frau, die Anzug und Krawatte trägt, weder für eine französische Chansonette noch für lesbisch. Wir lieben vielleicht (hoffentlich!) Bob Dylan, Johnny Cash, die Beatles und die Rolling Stones und denken dennoch bei Heinz-Rühmann-Filmen und Zarah-Leander-Liedern nicht sofort daran, welche Rolle diese Künstler in der dunkelsten Zeit unserer Geschichte gespielt haben. Wir erlauben uns auch längst, über »Führer«-Persiflagen zu lachen, ohne dass es uns gleich im Halse stecken bleibt. (Wir wissen aber auch, dass unsere alten Eltern und Großeltern damit verständlicherweise noch ein Problem haben!) Kommen Ihnen diese Beispiele politisch unkorrekt vor? Wenn ja – sind Sie sich sicher, dass Sie da nicht schon wieder in einer Falle sitzen? Haben Sie wirklich nicht über Charlie Chaplin in »Der große Diktator« oder den wunderbaren Ernst-Lubitsch-Film »Sein oder Nichtsein« gelacht? Finden Sie nicht auch, dass Zarah Leander eine sensationelle, interessante Stimme hatte und Heinz Rühmann ein wunderbarer Schauspieler war? Wenn nicht, dann haben Sie »Kann denn Liebe Sünde sein?« oder »Ich steh' im Regen und warte auf dich« von Zarah nie gehört und Rühmann in »Die Feuerzangenbowle« nie gesehen!

Der 50. Geburtstag verpflichtet jeden von uns, endlich seinen eigenen Kopf zu haben, eigene Ansichten zu entwickeln und nicht immer noch oder schon wieder (und die Tendenz ist derzeit stark zu spüren) Denkvorschriften zu entsprechen. Das produziert enge Herzen (im wahrsten Sinne des Wortes, mit allen gesundheitlichen Folgen) und einen grauen Alltag. So haben diejenigen, die uns auf den »Pfad der Tugend« führen wollen, den sie selbst über unsere Köpfe hinweg definiert haben, wieder einmal leichtes Spiel. Lassen Sie sich nichts einreden. Überprüfen Sie kritisch, was man Ihnen vorsetzt – seien es Lebensmittel, Wunderpillen oder Meinungen. Endgültige Sicherheiten gibt es nicht, das ganze Leben ist ein Risiko. Wer das Gegenteil behauptet, um Ihnen Verhaltensregeln vorzuschreiben, ist ein Scharlatan oder Lügner, der lediglich seine eigenen Interessen verfolgt. Leben Sie nach Ihrer Fasson (soweit Sie andere damit nicht daran behindern, es ebenso zu halten), und schlagen Sie ruhig einmal über die Stränge. Es ist nie zu spät, auch einmal ein wenig aufmüpfig zu sein und die eingefahrenen Geleise zu verlassen. Das gibt den grauen Tagen Farbe.

ZEN-Seite   *Zuhören Erinnern Nachdenken*

Fallen Ihnen die wichtigsten »Verbote« und Verhaltensmaß-
regeln Ihrer Eltern noch ein und auch, wie und wie oft Sie sie
umgangen haben? Wie viele dieser eisernen »Gebote« haben
Sie auch noch auf Ihre eigenen Kinder angewandt (oder würden es tun, wenn Sie welche hätten)?

....

....

....

....

Stellen Sie sich vor, Sie dürften drei Tage lang – ganz gefahr-
los und ohne negative Folgen – alles tun, was Sie schon immer einmal tun wollten, aber bisher nie gewagt haben, weil
es gegen Ihre persönlichen Regeln oder Gewohnheiten ver-
stößt. Schreiben Sie auf, was das wäre:

....

....

....

....

Etwas zum Nachdenken

*Müßiggang ist nicht Nichtstun, sondern die Freiheit, zu tun,
was man will.*

29. Von Menschen, Mäusen und Laufrädern

Wenn Sie Ihre Lieblingsschauspieler aus den Filmklassikern anschauen, werden Sie vielleicht zu erstaunlichen Ergebnissen kommen: Sehr viele von ihnen hatten in ihren Paraderollen graue Schläfen. Selbst George Clooney, eindeutig der »Schönste« unter den reiferen Movie-Stars der Gegenwart und auch bereits zu einer Art »Klassiker« geworden, trägt das auf seinem Haupt, was man »stark meliert« nennt. Frauen aller Altersgruppen haben zu allen Zeiten für diese Männer geschwärmt. Und auch weibliche Stars haben sich oft erst mit Ende 40 oder Anfang 50 zu Darsteller-Persönlichkeiten entwickelt und befanden sich auch auf dem Zenit ihrer Attraktivität. Denken Sie beispielsweise nur an Katherine Hepburn, Liz Taylor oder Lauren Bacall.

Es ist ein ganz großer Fehler, wenn wir uns diese schönen, reifen Jahre selbst vermiesen, weil wir Angst vor dem wirklichen Alter haben, das in Wahrheit doch noch ziemlich weit weg ist. Dadurch wird uns der Blick auf die Gegenwart verstellt, und wir nehmen eine ganz wichtige Phase unseres Lebens einfach nicht wahr. Wenn beim Blick in den Spiegel ständig jede kleine Falte betrachtet wird und man darüber grübelt, wie diese harmlose Linie wohl in Zukunft aussehen mag, entflieht man seinem gegenwärtigen Leben. Dieses merkwürdige Verhalten raubt uns jede Menge Lebensfreude und ist eigentlich unseres Verstandes, der doch im Lauf der Jahre geschärft worden sein sollte, nicht würdig.

Es ist keine Schönrederei und auch kein Verdrängen: Die 50er haben ihren ganz eigenen, unverwechselbaren Charme – und wenn bis dahin alles halbwegs gutgegangen ist, spiegelt sich in unseren Gesichtern so viel Leben, dass manch junges Küken uns darum beneiden könnte. 50-Jährige gleichen Büchern mit spannendem Inhalt, deren noblen Leder- oder Leineneinbänden man ansieht, dass schon öfter (vom Leben) nach ihnen gegriffen wurde, während sehr junge Menschen eher Design-Notizbüchern ähneln, in denen aber noch nichts geschrieben steht. In jungen Gesichtern gibt es nur wenig zu lesen, man kann nur (und das meine ich nicht abwertend) ihre Schönheit und Frische bewundern. In guten, älteren Büchern hingegen lassen sich ganze Welten entdecken. Geschichten über Geschichten. Komödien, Dramen, Emotionen über Emotionen – die ganze Spannbreite des Lebens eben. Wenn wir Menschen Portwein, Cognac, Sherry oder Whiskey wären, wofür würden Sie sich wohl entscheiden? (Bitte nicht für Milch!)

Ich halte es jedoch für grundfalsch, solche Vergleiche einfach wegzuwischen. So wie wir Menschen vielleicht endlich einmal begreifen müssen, dass Gott uns den Verstand, unsere Herzen und unsere Seelen gegeben hat, damit wir andere Problemlösungen finden, als uns gegenseitig die Köpfe einzuhauen, so müssen wir auch begreifen, dass jede Zeit im Leben ihre Qualität hat. Und die ist nicht an so Profanes wie äußere Schönheit gebunden, die zudem noch im Auge des Betrachters liegt. Wenn man einmal durchschaut hat, dass Modemacher, Fotografen und deren Verwerter (die Medien) uns dazu verführt haben, ihren Blick zu übernehmen und diesen künstlichen Blickwinkel auch noch für das erstrebenswerte Nonplusultra zu halten, tritt die Absurdität unserer Ansichten zu Jugend, Schönheit und Alter voll zutage.

Ich kenne die Geschichte von Raissa, einer jungen, schönen Russin. Sie hat ihre Familie und ihre Heimat verlassen, um nicht mehr hungern zu müssen – sie wurde Model. Jetzt verdient sie viel Geld, kann sogar ihre Familie unterstützen, hungert aber genauso wie in den Jahren zuvor. Sie muss hungern, sonst verliert sie ihren Job als Model.

Die Bilder dieses unglücklichen Mädchens, das vom Regen in die Traufe kam, hängt uns die Mode- und Schönheitsdiktatur (die längst unsere Konsumwelt regiert) vor die Nase wie einem Esel die Mohrrübe. Und alle – Frauen wie Männer – fallen auf diesen lust- und lebensfeindlichen Unsinn herein. Diesen unglaublichen Schönheitsterror lassen wir uns nicht nur bieten, wir machen ihn sogar noch aktiv mit!

Wer von der Natur nicht vorschriftsmäßig »gemacht«

ist – und das ist kaum jemand –, der muss eben hungern oder sich operativ »umschneidern« lassen, sonst darf er nicht »mitspielen«. Das hindert uns aber nicht daran, gelegentlich für Hungernde in der Dritten Welt zu spenden – die Ironie oder Perversion unseres Verhaltens ist uns gar nicht mehr bewusst.

Es ist dringend notwendig, spätestens in diesem neuen Lebensjahrzehnt ein Gefühl für die wahre Qualität von Schönheit zu entwickeln; menschliche Qualität. Es ist nicht gut, dass wir von uns verlangen, langbeinig, blond, durchgestylt und faltenlos zu sein, nur weil wir »dazugehören« wollen. Wo wollen wir eigentlich dazugehören? Wir verachten politische Systeme, die den Menschen ihre Freiheit rauben – machen aber bei Mode- und Jugendwahn voll mit. Damit unterstützen wir eine Diktatur. Wir lassen unsere Lebenszeit in eine begehrenswerte, eine gesellschaftlich anerkannte und eine abzulehnende Phase einteilen. Das ist der wahre Grund, warum wir uns vor jeder Falte und jedem Gramm Gewicht fürchten. Wer sich von diesem unmenschlichen Wahn verführen und womöglich sogar davon einspannen lässt, der sollte sich eigentlich schämen. Schönheit ist sehr viel mehr, sehr viel geheimnisvoller, als man uns glauben machen will. Das zu erkennen und danach zu leben, ist eine wichtige und höchst lohnende Aufgabe für die nächsten Jahre. Und sie macht fröhlich und frei!

ZEN-Seite   *Zuhören Erinnern Nachdenken*

Erinnern Sie sich an die Essensregeln Ihrer Kindheit: Mussten Sie den Teller immer leeren, und herrschte die Regel: »Gegessen wird, was auf den Tisch kommt!«? Hatte jemand in Ihrer Familie Gewichtsprobleme? Haben sich die Frauen in Ihrer Familie geschminkt? Wurde über das Älterwerden gesprochen?

....

....

....

Stellen Sie sich vor, Sie dürften sich bei einem renommierten Schönheitschirurgen – kostenlos und streng geheim – unters Messer legen und alles verändern lassen, wonach Ihnen der Sinn steht. Würden Sie das machen und wenn ja, was würden Sie »richten« lassen?

....

....

....

....

Etwas zum Nachdenken

Freiheit ist ein stürmisches Meer. Ängstliche Naturen bevorzugen die Stille des Despotismus.
Thomas Jefferson

30. Marilyns Schönheitspflästerchen

In der Kunst gibt es eine Philosophie, die besagt, dass perfekte Harmonie nicht Schönheit, sondern Langeweile und schnell erlahmendes Interesse ergibt. Das Auge des Betrachters braucht offenbar einen Halt, einen Anlass, um daran »hängen zu bleiben«, einen Punkt, von dem aus es weitere Erkundungen macht, um immer wieder zu diesem einen Punkt zurückkehren zu können. Schönheit und Perfektion lassen sich offenbar nur wahrnehmen, wenn auch eine Irritation in den Gesamteindruck eingebaut ist. Vielleicht ist das der Grund, weshalb im Zeitalter des Rokoko das Schönheitspflästerchen in Mode kam? Frauen klebten sich in ihre perfekt geschminkten Gesichter kleine, runde, schwarze Pflästerchen auf die Wangenknochen oder eine andere markante Stelle des Gesichts. So störten sie ganz bewusst die maskenhafte Gleichmäßigkeit ihrer weißgepuderten Glätte. Auch Marilyn Monroe hat gelegentlich mit diesem Trick gearbeitet.

Dass Perfektion nicht zur Wiedererkennung beiträgt, kann man auch im Alltag unschwer erkennen: Ich kann mir zum Beispiel die Namen der vielen gleich aussehenden, jungen TV-Moderatorinnen und Sternchen nicht mehr merken, weil ich einfach nicht in der Lage bin, sie voneinander zu unterscheiden. Zu Zeiten, als ich mir die Late-Night-Show von Harald Schmidt noch ansah und dort ständig diese Art Mini-Berühmtheiten zu Gast waren, hatte ich immer öfter das Gefühl, es träte jeden Tag dieselbe Person auf. Daher ist es mir unerklärlich, weshalb Menschen – vorwiegend Frauen, das muss man leider zugeben – so scharf darauf sind, sich durch Schönheitstrends uniformieren zu lassen, mit dem Ergebnis, dass man sie nicht mehr individuell erkennen kann. Wenn Sie einmal die Liste der Schauspieler durchgehen, deren Namen Sie sich aufgrund ihrer Leistungen und ihrer Erscheinung merken konnten, dann werden Sie sehr viel öfter auf solche stoßen, die nicht unbedingt den ersten Preis in Schönheitswettbewerben gewinnen würden. Denken Sie nur an den wunderbaren, kugelrunden Dieter Pfaff. »Der Dicke« lässt einen doch schon nach wenigen Sekunden total vergessen, dass er mit zu vielen Pfunden versehen ist, man schmilzt dahin, wenn man ihn sieht. Man möchte ihn einfach immer nur in den Arm nehmen, aber nicht aus Mitleid, sondern deshalb, weil er etwas ausstrahlt, das einem das Herz erwärmt. Ähnliches galt in Urzeiten für Charles Laughton – sehen Sie ihn auch noch vor sich, in »Zeugin der Anklage« oder in »Der Glöckner von Notre-Dame«? Auch das Pferdegebiss von Fernandel wird nicht nur seinen »Don Camillo«, sondern auch ihn und die temperamentvolle Gutherzigkeit, die er verkörperte, unvergesslich machen. Auch Woody Allen ist nicht gerade ein

Ausbund an Schönheit im herkömmlichen Sinn, aber niemand lehrt uns besser als er, die Unzulänglichkeiten des Lebens von ihrer guten Seite zu nehmen und zu erkennen, dass wir doch alle etwas vom »Stadtneurotiker« in uns haben. Bei den weiblichen Kolleginnen gibt es ebenfalls unzählige, die uns etwas vermittelt haben, was mit unserem üblichen, kurzmützigen Schönheitsbegriff wenig zu tun hat: Denken Sie an Margaret Rutherford, die herrliche »Miss Marple«, oder an unsere großartige Therese Giehse. Was für wunderschöne nicht schöne Frauen! Auch die herbe Schönheit von Anna Magnani war in der Lage, mit der ihrer großen italienischen Kolleginnen jederzeit erfolgreich zu konkurrieren. Manchmal ist es auch die Stimme, die einer Person einen ungewöhnlichen Glanz verleiht, wie zum Beispiel die von Sophie Rois, deren Rauheit das ganze zierliche Persönchen niemals vergessen lässt, selbst wenn man sie nur einmal gesehen und gehört hat.

Und darum geht es doch bei all unserem Begehren und der Sehnsucht nach Schönheit. Wir wollen bemerkt werden, wollen, dass man uns nicht vergisst und angenehm in Erinnerung behält. Wir wollen geliebt werden und halten dabei Schönheit für die gängigste Münze. Darum sind Geschichten, die vom berühmten hässlichen Entlein erzählen, das sich zum schönen, stolzen Schwan wandelte, in der Literatur und im Film so überaus beliebt. Sie machen allen grauen Mäusen Hoffnung auf Erlösung aus der Unsichtbarkeit. Dabei war das Entchen immer schon ein Schwan, man konnte es nur nicht gleich erkennen. Und so manche graue Maus muss sich nur der Pracht ihres silbrigen Fells bewusst werden, um sich selbst im richtigen Licht sehen zu können.

Wer schön sein will, muss nicht nur nicht leiden (um Himmels willen, was soll denn dabei Gutes herauskommen?), sondern vor allem lernen, seine angeblichen Schwachpunkte richtig zu inszenieren, indem er sie nicht versteckt und verleugnet, sondern in das Gesamtbild seiner Persönlichkeit integriert. Die Rokoko-Frauen haben sich starre Masken gepudert, um sie dann mit Schönheitspflästerchen wieder zu individualisieren. Das funktioniert auch umgekehrt und ist dadurch sogar viel einfacher. Um diesen einfachen Trick zu entdecken, ist es nie zu spät. 50-jährige Menschen tragen, wenn sie klug sind, ihre Fältchen und sonstigen vermeintlichen Unzulänglichkeiten wie Schönheitspflästerchen: mit selbstverständlicher Gelassenheit. Sie wissen, dass es auf die Gesamtkomposition ankommt – und die ist nun mal nicht nur von außen zu steuern. So wie jedes Theaterstück nicht nur von den Kulissen lebt, sondern auch davon, was sich wie auf der Bühne abspielt und wie gut die Scheinwerfer eingestellt sind, so ist auch Schönheit sehr viel mehr als das, was wir vordergründig dafür halten.

ZEN-Seite   *Zuhören Erinnern Nachdenken*

Können Sie sich daran erinnern, ob und ab welchem Zeitpunkt Sie als Kind eitel waren? Können Sie sich an ein Kleidungsstück erinnern (oder an Schuhe), das Sie besonders gerne und mit Stolz getragen haben?

....

....

....

....

....

Stellen Sie sich vor, Sie bekämen eine komplette Sommer-, Herbst- und Winterkollektion eines internationalen Modeschöpfers Ihrer Wahl geschenkt, müssten dafür aber ein Jahr lang eine strenge Diät halten (vielleicht sogar regelrecht hungern) und sich verpflichten, die Sachen auch alle zu tragen. Würden Sie sich darauf einlassen?

....

....

....

....

Etwas zum Nachdenken

Die moderne Welt ist vernetzt – und Netze begrenzen immer die Freiheit.

31. Die Zauberer von Oz

Visagisten sind Zauberer. Das weiß jeder, der schon einmal unter den kundigen Händen einer Maskenbildnerin zu einem völlig neuen Wesen wurde. Es ist wirklich eine große Kunst, mit Hilfe eines ausgeklügelten Make-ups aus einem Gesicht das Optimale »herauszuholen«. Und das weiß auch jeder, der einem TV- oder Film-Profi schon einmal beim Bäcker oder beim Metzger begegnet ist. Da muss man oft zweimal hinschauen, um zu erkennen, dass da ein Prominenter 100 Gramm Hackfleisch oder zwei Sesambrötchen ordert. In Extremfällen gibt erst die Stimme oder die Gestik letzte Gewissheit. Also sehen auch unsere angehimmelten oder verehrten Schönheitsidole in ihrem »Rohzustand« nicht sehr viel anders aus als du und ich.

Dieses Wissen vermindert die Anziehungskraft von Kosmetiksalons und Parfümerien keinesfalls – für keine Frau, völlig egal, welchen Alters. Im Gegenteil. Es verstärkt lediglich die Illusion, dass jeder mit Hilfe von Creme-, Salben- und Farbtöpfchen und den richtig angewandten Techniken den Zahn der Zeit austricksen kann. Das geht ja auch bis zu einem gewissen Grad. Aber nur für Leute, die extrem viel Zeit (vom Geld mal gar nicht zu reden) und nur wenig andere Interessen haben, als sich selbst im Spiegel zu betrachten. Vor einem TV-Auftritt verbringt auch eine 35-Jährige schon eine halbe Stunde in der Maske, und mit jedem Lebensjahr mehr auf dem Buckel können Sie eine weitere Minute dazuzählen. Diese Profi-Zeitrechnung auf uns Laien-Visagistinnen zu übertragen bedeutet, dass man morgens allein eine Stunde für die perfekte Gesichtsmaskierung bräuchte, die Hälfte der Mittagspause für die Erneuerung und abends das Ganze noch mal von vorn begänne. Wer kann sich das leisten? Aber noch viel wichtiger – wer hat denn auf eine solche Zeitverschwendung auch nur die geringste Lust?

In unserem Alter hat man einiges gelernt, und in Bezug auf Kosmetik sogar eine ganze Menge: Wir haben längst die Marke gefunden, die unserer Haut guttut, und müssen nicht mehr länger herumexperimentieren. Wir fallen nicht mehr auf jeden Hype und auch nicht auf falsche Versprechungen von wegen »Anti-Age« herein – und wenn noch so viele bekannte Schauspielerinnen uns (in voller Pracht geschminkt – warum zeigt da keine ein ehrliches Vorher-nachher-Bild?) in der Werbung irgendwelche Wundermittel für ewige Jugend anpreisen. Da ist von der Schädlichkeit des Lichts die Rede, von der Wirksamkeit irgendwelcher Substanzen, die auch in Kaviar enthalten sind (der wahrscheinlich von handgestreicheltem Stör gewonnen wird – wundern tät's mich nicht), und auch, dass es das Ganze nur in der Apotheke gibt. Das soll uns wohl auf den Preis vorbereiten. Ich nehme den Promis übrigens nicht übel, dass sie sich für solche Werbung zur Verfügung stellen; das wird sicher gut honoriert, und schließlich werden auch Promis älter und müssen vorsorgen.

Dass wir aus Erfahrung pragmatisch und klug geworden sind, nimmt uns übrigens die Werbung übel: Die mögen es nicht, wenn man sich nicht zum Markenwechsel verführen lässt, denn was wir sowieso schon immer kaufen, muss ja nicht mehr beworben werden. Das ist insofern schlecht, da uns die Alters-Zielgruppen-Einteilung »18 bis 49«, aus der Sie mit Erreichen Ihres 50. Lebensjahres ja nun endgültig herausfallen (auch so ein gequirlter, statistischer Schmarren), ein ausgesprochen schlechtes Fernsehprogramm beschert. Das Programm wird ausschließlich für die Jungen, Verführbaren (von 18 bis 49) gemacht. Und Junge bis 49 (!) hält man offensichtlich für bekloppt und mit schlechtem Geschmack ausgestattet. Dies nur zur Erläuterung, falls Sie das nächste Mal bei der Durchsicht des TV-Programms wieder einmal einen Wutanfall bekommen. Wir – Sie und ich – sind schuld an diesem Programm-Schwachsinn, weil wir partout keine Kartoffelchips und auch nicht die richtigen Kosmetika kaufen wollen!

Und wir wissen noch ein paar Dinge mehr: Mit 50 knallt man sich nicht mehr in die Sonne und macht sich auch nicht unbedingt stundenlang auf der Sonnenbank breit, um zur Rothaut zu werden. Die wichtigsten Requisiten im Urlaub sind strahlungsdichte Sonnenschirme oder schattige Terrassen und – dennoch, ergänzend – Sonnenschutzcremes mit extrem hohem Schutzfaktor. Und das ist keine Frage des Alters. So zu verfahren hätte uns schon von Jugend an gutgetan, wir haben es nur nicht gewusst, beziehungsweise nicht auf die mahnenden Stimmen gehört. Deswegen gehen wir spätestens jetzt regelmäßig zum Hautarzt und lassen uns Hautauffälligkeiten weglasern, bevor uns die späte Rache der Sonne in Form von Hautkrebs ereilt. Wir stecken uns die Sonnenbrille nicht dekorativ ins Haar, sondern setzen sie brav auf unsere Nasen, weil wir wissen, dass grelles Licht unsere Augen schädigt. Ich weiß ein Lied davon zu singen und kann Ihnen versichern, das ist gar nicht komisch!

Die Zeit, die wir uns ersparen, weil wir uns nicht stundenlang schminken, sondern mit der einfachen Variante der Maskerade auskommen, stecken wir dafür in das Einmassieren von Feuchtigkeitscremes, weil unsere Haut am ganzen Körper plötzlich extremen Durst entwickelt.

Und das Schönste zum Schluss: Manchmal verlassen wir sogar ganz ungeschminkt das Haus und stellen entzückt fest: Alle erkennen uns wieder!

ZEN-Seite   *Zuhören Erinnern Nachdenken*

Haben Sie sich als Kind gerne verkleidet? Erinnern Sie sich noch an Ihr erstes Faschings- oder Karnevalskostüm? Was war das für eine Maskerade?

....

....

....

....

....

Wenn Ihnen Ihr Friseur zu einer totalen Änderung Ihrer Frisur und Ihrer Haarfarbe raten würde – zum Beispiel von einem braven Brünett zu einem extrem auffälligen Rot: Würden Sie sich das trauen (vorausgesetzt, die Farbe gefällt Ihnen eigentlich, und es wäre eine Frage des Mutes)? Und wenn nicht, warum nicht?

....

....

....

....

Etwas zum Nachdenken

Freiheit kann man einem zwar lassen, aber nicht geben.
Friedrich Schiller

32. Die Königin von Saba frühstückt bei Tiffany

Das Gute an der Mode von heute ist, dass es sie eigentlich nicht mehr gibt. Sie drückt sich am ehesten noch in bestimmten Farben der Saison aus, oder in Schuhen und Handtaschen – ansonsten ist längst alles erlaubt. Mini, Midi, Maxi, einfache Jeans, kombiniert mit Kaschmirjacken, Samt und Seide, ausgeschnitten, hochgeschlossen … was immer man will. Das einzige Muss aus Sicht der Modemacher von heute ist eine androgyne Figur, weil sonst nicht zur Geltung kommt, was sie sich ausgedacht haben oder was sie bei ihren Vorvorgängern an Ideen »geklaut« haben. Dass einmal sehr viel mehr »Mode war«, kann man unschwer an Film-Remakes erkennen. Denken Sie nur an »Sabrina«: Abgesehen davon, dass Harrison Ford eben nicht Humphrey Bogart ist, bedauert man doch sehr, dass Julia Ormond – die dem Typ von Audrey Hepburn erstaunlich nahekommt – einfach nicht die wunderbaren, markanten Kleider vergönnt waren, die ihre Vorgängerin in dem Filmklassiker tragen durfte.

Aber das Thema Figur-Diktatur haben wir bereits besprochen. Bei aller gegenwärtigen Lässigkeit in Sachen Stil gilt es, eines festzuhalten: Das Büro scheint zur Uniformzone geworden zu sein. Zumindest für Frauen mit Karriereabsichten. Sie tragen unisono Businesskostüme mit weißen Blusen. Bevorzugte Farben: Dunkelblau und Dunkelgrau. Von den Mutigeren ein bisschen »aufgemotzt« durch kunstvoll geschlungene oder geworfene Schultertücher. Wahrscheinlich ist dieser schlichte Aufzug eine Folge der Emanzipation. Frau will nicht in den Verdacht kommen, männliche Kollegen in irgendeiner Form aufzureizen. Lustig zu beobachten ist dabei, dass Männer im Büro immer farbenfreudiger werden, was ihre Klamotten betrifft. Vielleicht wollen sie den Beginn ihrer (übrigens nach der Domestizierung längst überfälligen) männlichen Emanzipation irgendwie anders einläuten …

Diese ungewohnte Freiheit in Sachen Mode ist geradezu eine traumhafte Ausgangssituation für Frauen um die 50, um ihren ganz eigenen Stil zu finden. Als es noch erkennbare Stilrichtungen gab, haben die meisten von uns nicht gewagt, in irgendeiner Form »auszubrechen«. Wenn lange Röcke angesagt waren, trug jede, die unbedingt mit der Mode gehen wollte, eben lange Röcke. Und selbst dann, wenn dadurch die schönsten Beine unsichtbar wurden. Und wenn der Stoff über dem Knie aufzuhören hatte, folgten dem Befehl leider oft auch diejenigen, die besser bei den langen Röcken geblieben wären.

Wirklich angenehm aufgefallen und bewundert wurden schon damals die Frauen, die ihre eigene Kollektion kreierten und den Mut hatten, sich damit selbst neu zu erfinden.

Ich kannte eine renommierte Münchner Fotografin, die die Farbe Grün – im Kontrast zu ihren wunderbaren, naturroten Haaren – in noch nie gesehenen Varianten aus dem Hut zauberte. Wo sie ihre moos- und tannengrünen Samtjacken, ihre lind-, petrol- und flaschengrünen Kaschmirhosen und -röcke herhatte, war uns allen ein Rätsel. Diese Farben und Stoffe gab es damals nirgendwo zu sehen und zu kaufen.

Während wir folgsam wie die Lämmer in unseren damals vorschriftsmäßigen Pastellfarben herumliefen und darin blass und wie ausgespien aussahen, schritt sie wie die Königin von Saba, gekrönt von ihrer leuchtend roten Löwenmähne, lächelnd und geradezu unverschämt selbstsicher durch die Welt. Viele Jahre später hat sie ihr Geheimnis verraten. Diese Grünschattierungen, egal ob in Seide, Wolle oder Samt, hat sie teilweise im Fundus eines alten Theaters gefunden. Die Stücke stammten vorwiegend aus der Art-déco-Zeit, in der diese sagenhaften Farben en vogue waren. Andere wiederum erstand sie in Trödelläden in Paris, New York oder Rom, aber genauso auch in München. Und einiges fand sich in den Kleidertruhen ihrer Großmutter auf dem Dachboden.

Nun hat nicht jede Frau das Talent, ungewöhnliche, einmalige Sachen in verborgenen Kammern zu finden und sich auf diese Weise selbst zu inszenieren. Aber gerade in dieser Umbruchzeit um den 50. Geburtstag herum sollte man ein Gefühl dafür entwickeln, welche Materialien, Farben und Stile der eigenen Persönlichkeit am meisten entsprechen. Da helfen Modezeitschriften wenig, weil sie uns doch immer nur auf die Spuren lenken, die gerade »angesagt« sind, auch wenn es nur Varianten von bereits Bekanntem sind.

Jemand wie ich, mit zu vielen Pfunden versehen, wird jedoch bald wissen, dass nur fließende Stoffe in Frage kommen, weil alles Starre einen zu einem großen Viereck oder Quadrat verformt. Sehr schlanke Frauen hingegen sind mit einem Zuviel an Schlabberlook eher schlecht beraten, weil sie unter wallenden Stoffen verschwinden. Ich kann mich in Hemdblusenkrägen nicht leiden, mein »Dicker-Kater-Kopf« sieht darüber aus, als gehöre er irgendwie nicht dazu.

Da jeder von uns einmalig ist, kann es keine allgemeingültigen Moderezepte geben. Welche Kleidung unser Wesen am besten unterstreicht, findet man nur heraus, wenn man den »richtigen« Blick in den Spiegel erlernt.

Was das ist? Dieser Blick muss uns gelten, uns, so, wie wir sind, und nicht so, wie wir sein sollten, weil das irgendein Trend gerade vorschreibt. Und er darf auch nicht von Bildern und Vorlagen aus Hochglanzmagazinen überlagert sein, sonst sieht man im Spiegel immer nur Unzulänglichkeiten und nicht die vielen Möglichkeiten, die jeder von uns in Wirklichkeit hat, völlig egal, wie er »gebaut« ist. Trauen Sie sich, modisch das aus sich zu machen, was Sie längst schon wären, wenn Sie nur genauer hingesehen hätten!

ZEN-Seite *Zuhören Erinnern Nachdenken*

Hatten Sie als Kind bestimmte Vorlieben für Farben und Materialien? Haben sich diese Vorlieben im Laufe des Älterwerdens geändert? Halten Sie sich für eine »graue Maus« und wenn ja, sind Sie das gerne?

....

....

....

....

Stellen Sie sich vor, bestimmte Materialien und Stoffe entsprächen bestimmten Menschentypen. Was wären Sie, und welche Eigenschaften bringen Sie damit in Verbindung: Samt – Seide – Wolle – Baumwolle – Satin – Georgette – Leder?

....

....

....

....

....

Etwas zum Nachdenken

Freiheit ist Unabhängigkeit vom Urteil anderer.

33. Herzen dürfen keine Mördergruben sein

Die Fähigkeit, zu lügen, unterscheidet uns von den Tieren. Vielleicht kommt daher die große Tierliebe vieler Menschen: Sie wissen, dass sie ihrem Hund oder ihrer Katze vertrauen können – sie sind nicht in der Lage, zu lügen oder sich zu verstellen. Nur die wenigsten wissen jedoch, dass es auch Mittel und Wege gibt, menschliche Lügen zu durchschauen, und zwar im wahrsten Sinne des Wortes. Ein kurzes Zupfen am Ohrläppchen, ein abschweifender Blick während einer wichtigen Aussage, ein unvermitteltes Händeringen, als wollte man die Wahrheit einfangen – es gibt viele Möglichkeiten, sich zu verraten, wenn Reden und Denken nicht übereinstimmen. Das sind jedoch die einfacher zu erkennenden Signale; es sind ganze Bibliotheken darüber geschrieben worden.

Wir reden ja schon eine Weile über das Thema Attraktivität. Der Wesenskern und damit das A und O der menschlichen Attraktivität kann jedoch weder durch Kosmetik noch durch Mode oder andere Äußerlichkeiten hergestellt werden. Ein perfekter Lidstrich, das ungewöhnlichste Moosgrün und der schimmerndste Samt können nur krönen oder unterstreichen, was wir selbst darstellen und ausstrahlen. Es ist nicht nur eine Floskel, dass wahre Schönheit von innen kommt. Wir alle kennen es nicht nur aus Romanen: Ein Mensch lächelt, aber seine Augen bleiben kalt. Das macht ihn nicht so sympathisch, wie er eigentlich erscheinen will. Jemand spricht zu uns: Er sagt freundliche Dinge, die uns angenehm sind – aber seine Stimme »lächelt« nicht (das können Stimmen nämlich, achten Sie einmal darauf!), ihr Klang passt nicht zu den gesprochenen Worten. Sie sitzen jemandem im Gespräch gegenüber, der Ihnen einfach nicht ins Gesicht schauen kann – das irritiert Sie und setzt Ihren Gesprächspartner Ihrem (berechtigten) Misstrauen aus. Das alles mag nicht direkt mit Lügen zu tun haben. Sie haben es vielleicht nur mit einem unkonzentrierten Menschen zu tun, der mit sich nicht im Reinen ist. Oder er hat Kummer, oder er interessiert sich einfach im Moment nicht wirklich für Sie und Ihr Gespräch, weil seine Gedanken ganz woanders sind. Tatsache ist: Dieser Mensch wird für Sie nicht attraktiv sein, im engen und auch im übertragenen Wortsinn. Er strahlt verwirrende, widersprüchliche Signale aus, ist nicht identisch mit sich.

Es ist ein schwer zu erklärendes Phänomen, dieses Mit-sich-identisch-Sein, dabei aber gleichzeitig doch nicht so kompliziert, wie es sich anhört. Aus der Partnersuche ist bekannt, dass Menschen offenbar Signale aussenden, die für andere lesbar sind: »Ich bin frei« oder »Ich bin besetzt«. Nun suchen natürlich gerade Menschen, die eine gescheiterte Beziehung hinter sich oder ihren Partner durch Tod verloren haben, die Lücke an ihrer Seite mit einer neuen Liebe zu füllen. In Wahrheit haben sie aber oft noch gar nicht losgelassen, sich nicht wirklich verabschiedet, den Verlust noch nicht verarbeitet. Sie verhalten sich zwar wie Suchende, strahlen aber gleichzeitig das Signal »Ich bin besetzt!« aus. Das sind Widersprüche, die das Unternehmen Partnersuche zwangsläufig zum Scheitern verurteilen. Es gibt so etwas wie eine Seelensprache unter uns Menschen, die besonders Sensible verstehen. Wenn wir also ständig etwas verdrängen, uns etwas nicht zugestehen oder eingestehen wollen, wenn wir ganz tief drinnen in uns unzufrieden, zornig oder gar wütend sind, nach außen hin aber das Gesicht wahren – vielleicht eben auch deshalb, weil die Verdrängung schon zur Gewohnheit geworden ist und so perfekt funktioniert, dass wir selbst glauben, es sei alles in Ordnung –, dann sind wir nicht identisch mit uns. Da andere nicht wissen können, was nicht stimmt, nehmen sie es unbewusst als Irritation wahr. So funktionieren vielleicht auch Sympathie und Antipathie.

Attraktivität hat etwas mit Selbstbewusstsein und Liebe zu tun. Wer sich selber mag und nichts Unverarbeitetes »unter dem Deckel« hält, also so etwas wie »Seelenhygiene« betreibt, ist ganz automatisch attraktiver für andere als jemand, der nach dem Motto »Was lange gärt, wird endlich Wut« lebt. Denn den Widerschein dessen, was sich da zusammenbraut, kann man sehen und sogar hören – in den Augen, in den Gesten, in der Körperhaltung und in der Stimme. Diese Wahrnehmung spielt sich auf einer Ebene ab, die jenseits des herkömmlichen Sehens und Hörens ist. Es gibt eben viele Dinge zwischen Himmel und Erde – und zwischen Menschen –, die nicht messbar, aber dennoch vorhanden sind.

Natürlich sind nicht nur Menschen attraktiv, die keine Probleme haben. Es geht eher darum, dass wir alle unsere Schwierigkeiten erkennen sollten, um an ihnen arbeiten zu können. Das Ganze nennt sich übrigens Leben. Derjenige, der keine Probleme hat, ist tot. Sicherlich müssen wir nicht unser Herz auf der Zunge tragen und alles, was uns betrübt, jedem beliebigen Gesprächspartner anvertrauen. Es genügt vollkommen, wenn der maßgebliche Mensch für schwierige Fälle in unserem Leben – und das sind wir selbst – darüber Bescheid weiß. Wissen ist die Basis von Handlung. Allein die Tatsache, dass in unserem Inneren nichts »anbrennt«, schafft blanke, vielleicht sogar strahlende Augen (die ja bekanntlich der Spiegel unserer Seele sind). Das und andere Signale der Offenheit und unverstellten Zugewandtheit machen jeden Menschen attraktiv, ganz egal ob er in einem Schönheitswettbewerb gewinnen würde oder nicht. In unserem Alter weiß man das. Und das macht die Attraktivität und den Charme der Fifties aus.

ZEN-Seite   *Zuhören Erinnern Nachdenken*

Erinnern Sie sich, wie Sie als Kind Wut, Zorn und Ärger ausgedrückt haben? Haben Sie mit Gegenständen geworfen,
sich strampelnd auf den Boden geworfen, nur leise oder laut
geweint, oder sich schmollend zurückgezogen? Beschreiben
Sie eine solche Situation und auch, wie Ihre Eltern damit umgegangen sind:

....

....

Stellen Sie sich vor, Sie könnten Ihre drei derzeit größten Le-
bensprobleme mit einem Schlag durch folgende Methoden
nachhaltig lösen: durch ausführliches Aufschreiben, verbunden mit einer absolut ehrlichen Analyse, durch ein offenes
Gespräch (auch wenn es für Sie peinlich ist) mit einem Menschen, den Sie nicht sehr gut kennen, oder durch eine lebenslange Verpflichtung, anderen bei der Schilderung ihrer Probleme zuzuhören. Wofür würden Sie sich entscheiden?

....

....

Etwas zum Nachdenken

In notwendigen Dingen: Einheit
In fraglichen Dingen: Freiheit
In allen Dingen: Liebe   Augustinus

176

34. Das Maß aller Dinge

Keiner von uns ist der Nabel der Welt. Trotzdem ist es nicht ratsam, ganz von sich abzusehen, denn das Wort Standpunkt leitet sich immerhin von dem Ort ab, an dem wir stehen, und nur von da aus ist es möglich, die Welt zu sehen und zu erleben. Nachdem man uns im Lauf der Erziehung beibrachte, dass Egoismus und Egozentrik negativ seien, ist für viele von uns etwas gründlich schiefgelaufen: Wir haben versäumt, das zu entwickeln, was man gesundes Selbstbewusstsein nennt. Bei Menschen, die zu wenig Liebe für sich selbst haben, dafür aber Bewunderung und Anerkennung für andere im Übermaß, herrscht ein Ungleichgewicht und in der Folge eine verhängnisvolle Standpunktlosigkeit. Menschen ohne eigenes Urteilsvermögen müssen mit einem Attraktivitätsverlust leben.

Extreme Schüchternheit kann in jungen Jahren ganz charmant sein. Aber mit 50 sollte es jedem gelungen sein, sie halbwegs hinter sich gelassen zu haben oder zumindest angemessen damit umgehen zu können. Das erfordert zwar eine gewisse Überwindung, und wir müssen auch nicht alle wild darauf sein, auf jede Bühne zu springen und große Reden zu schwingen. Das, was wir können und was wir sind, sollten wir jedoch nicht so gering schätzen, dass wir vor Verlegenheit erröten, wenn uns nur jemand anspricht.

Schüchternheit kann besiegt werden, wenn sich die Betroffenen klar darüber werden, woher ihr Problem kommt. Wer nie genügend Anerkennung erfahren und immer im Gefühl gelebt hat, den an ihn gestellten Anforderungen nicht zu genügen, verdrückt sich automatisch bei jeder Betriebsversammlung in die hintersten Reihen und betet darum, möglichst nicht gesehen zu werden. Schüchternheit kann die Folge von fehlendem Lob und fehlender Aufmunterung sein, sich selbst etwas zuzutrauen. Mit Lob und Tadel umzugehen, muss man schon als Kind erfahren. Für diesen wichtigen Lernprozess sind Menschen verantwortlich: Eltern, ältere Geschwister, Lehrer. Wenn sie ihrer Aufgabe, uns fürs Leben fit zu machen, nicht auf die richtige Weise nachgekommen sind, bleibt uns nichts anderes übrig, als die Sache selbst in die Hand zu nehmen, zur Not mit professioneller Hilfe eines Psychologen oder Therapeuten. Jeder Schüchterne sollte jedoch zunächst die Ursache der eigenen Geringschätzung herausfinden – wer damit die »Täter« dingfest macht, hat schon den ersten Schritt zur Veränderung getan.

Nun sollte man sich dringend davor hüten, den Ursprung aller Probleme ein Leben lang in der Kindheit zu suchen. Selbst wenn wir sie genau dort geortet haben, sind wir für die Behebung ab einem bestimmten, erwachsenen Alter selbst verantwortlich. Im Erwachsenenleben werden keine Noten mehr vergeben, die Eltern können keinen Hausarrest oder andere Strafen mehr verhängen. Weit und breit gibt es keinen mehr, auf den man mit dem Finger zeigen könnte, ohne sich lächerlich zu machen. Machen Sie ruhig die Probe aufs Exempel: Es passiert meistens relativ wenig bis gar nichts, wenn man gelegentlich etwas Falsches sagt oder sich irrt. Und es geht vor allem nicht darum, dass wir von allen Menschen geliebt werden müssen – denn das ist sehr oft der wahre Grund für den Mangel an Selbstbewusstsein. Das Leben hat uns nun wirklich gelehrt, dass es auch eine Nummer kleiner gehen muss. Für diese Liebessucht gibt es einen sehr guten und zutreffenden Spruch: Everybody's Darling, everybody's Depp. Die ganze Welt ist das Ergebnis von Versuch und Irrtum. Da wir ein Teil der Welt sind, gilt das auch für jeden von uns. Wer ständig nach Liebe giert, vergisst darüber sehr oft, selbst welche zu geben. Und dabei sollte man ruhig mit sich selbst anfangen. Es gibt keine talentlosen Menschen – jeder von uns hat irgendetwas an sich, was ihn besonders macht. Es kann auch zur Gewohnheit werden, immer wieder die eigenen Unzulänglichkeiten vorzuschieben, um gar nicht erst zu versuchen, mit anderen in Kontakt zu kommen. Es gibt einen pfiffigen jüdischen Witz, der das gut illustriert: Ein Rabbi betet wochen-, monate-, sogar jahrelang darum, in der Lotterie zu gewinnen. Irgendwann wird es Gott zu dumm, und er ruft dem Rabbi von oben zu: »Rabbi! Kauf dir doch endlich ein Los!«

Selbstbewusstsein macht deshalb so attraktiv, weil Menschen, die einen Standpunkt haben und nicht ständig die Meinung desjenigen vertreten, den sie zuletzt gesprochen haben, Vertrauen vermitteln. Meinungsstärke birgt das Risiko, sich zu irren, manchmal sogar gründlich »danebenzuliegen« und sich schlimmstenfalls sogar zu blamieren. Aber davon geht die Welt nicht unter (zumindest nicht, wenn es sich nicht um Politiker handelt). Sich selbst wahrzunehmen bedeutet, auch andere wahrnehmen zu können, denn Schatten werfen keine Schatten. Mit 50 weiß man das. Und selbst wenn man mit der Lektion noch nicht ganz durch ist – jeder von uns muss daran arbeiten.

ZEN-Seite   *Zuhören Erinnern Nachdenken*

Erinnern Sie sich an diejenige Situation Ihrer Kindheit, in der Sie sich geschämt oder zum ersten Mal bewusst blamiert gefühlt haben – und daran, als Sie das erste Mal richtig stolz auf sich waren. Beschreiben Sie die Anlässe und wie Ihre Umgebung sich dabei verhalten hat:

....

....

....

Stellen Sie sich vor, Sie würden aufgefordert, stellvertretend für den Bundespräsidenten die Neujahrs-TV-Ansprache an die Nation zu halten (und es gäbe keine Möglichkeit, sich zu weigern): Würden Sie einfach das vorbereitete Manuskript übernehmen (obwohl Ihnen vieles daran nicht gefällt und nicht Ihren Überzeugungen entspricht), oder würden Sie auch Ihre eigenen Meinungen in die Rede einfließen lassen?

....

....

....

Etwas zum Nachdenken

Freiheit ist das Recht eines jeden Menschen, irgendwo aufzustehen und all das zu sagen, was jedermann denkt.
Lincoln Steffens

35. Die Seele mit den Füßen baumeln lassen

Eine der schönsten Errungenschaften dieses neuen Alters ist das, was man gemeinhin Gelassenheit nennt. Der Zustand der Gelassenheit ist sehr schwer zu erreichen, manchmal so schwer, dass ich fast vermute, er gehört zu den »guten Gründen« des Älterwerdens, die man erst nach Erreichen des 60. Geburtstags wirklich wird aufzählen können. Dabei geht es nämlich nicht um die Vermeidung von spontanem Ärger, der einem die Halsadern schwellen lässt – darüber haben wir schon am Anfang des Buches gesprochen –, sondern um das, was Kindern fehlt, wenn sie auf einer langen Autofahrt alle zehn Minuten fragen: »Wann sind wir endlich da?«. Gelassenheit ist ein enger Verwandter von Geduld, dem kostbarsten »Stoff« gleich nach der Zeit an sich.

In der Ruhe liegt die Kraft: Eine der vielen Volksweisheiten, in der die gesammelte Erfahrung vieler Generationen liegt. Ob es sich um die Verschlusskappen von Sahnebehältern, die Deckelkonstruktionen von Puddingbechern oder diese Einfädelvorrichtung an Thunfischdosen handelt – es geht nicht schneller, wenn man nervös wird. Im Gegenteil. Dabei haben wir doch alle schon einmal gehört, dass man den Nippel eigentlich nur durch die Lasche ziehen müsste, um ohne Pflaster oder Reinigungskosten zum Ziel zu kommen. In solchen Situationen schlägt die Stunde der Männlichkeit. Da zahlt es sich aus, dass die Herren der Schöpfung allesamt Tüftler und Denker sind. Wie von Zauberhand tun die idiotischsten Verschlüsse in Männerhänden plötzlich das, was sie sollen. Gelassenheit in Situationen dieser Art ist eine der Eigenschaften, die Männer für Frauen so attraktiv machen. Wenn ich als Kind vor Aufregung am Arm meines Großvaters zog und zerrte, um vor einer Reise nur ja nicht zu spät zum Bahnhof zu kommen, pflegte er zu sagen: »Der Zug fährt nicht früher, nur weil wir schon da sind!«. So war er. Ich habe meinen Großvater geliebt.

Es gibt ganz viele gute Dinge, die man zerstört, wenn man nicht die nötige Gelassenheit und Geduld an den Tag legt. Fragen Sie einmal eine Köchin, die Salzburger Nockerln im Backrohr hat, was passiert, wenn sie die Tür ständig öffnet, um die Nadelprobe vorzunehmen. Versierte Soufflé-Köchinnen plazieren bei solchen Gelegenheiten ein Schild mit der Aufschrift »Einsturzgefahr« neben oder auf dem Herd, um Neugierige fernzuhalten. Und schon so manch frisch Verliebter hat alles verdorben, weil er oder sie das angekündigte »Ich ruf dich an!« nicht abwarten konnte und das Objekt seiner Begierde aus der wichtigsten Konferenz des Tages ans Telefon holte. Ich mache mich heute noch vor meinem Mann und der ganzen Familie lächerlich, weil ich alle zwei

Stunden zu den frisch gesäten Tomaten an die Fenster-bank renne, nur um nachzusehen, ob die Samen schon austreiben. Später setze ich sie aus lauter Angst vor Wind und Wetter zu spät nach draußen, was zur Folge hat, dass sie später zu blühen anfangen. Dann wiederum sorge ich mich, ob sie auch richtig bestäubt werden, weil ich bei meinen Kontrollgängen nie Bienen an den Blüten sehe. Meine Tomaten und ich sind jedenfalls ein Kapitel für sich, aber eines, in dem Gelassenheit bestimmt keine Rolle spielt.

Aber es gibt ein paar Meditationsübungen, mit deren Hilfe man Gelassenheit üben kann. Wer schon einmal vor Sonnenaufgang aufgestanden ist, also zu der Zeit, wenn die Schwärze der Nacht einer ganz bestimmten Bläue gewichen und am Horizont ein Silberstreif zu sehen ist, der ganz langsam in ein unbeschreibbar schönes Aprikosenrotgelb übergeht, bevor sich die Sonnenscheibe Millimeter für Millimeter nach oben schiebt, der hat eine Ahnung von Gelassenheit und Frieden bekommen, die er nie mehr vergessen wird.

Ähnlich friedliche Gefühle jenseits von Hast und Eile stellen sich beim Beobachten der Meeresbrandung ein. Wenn man sich dazu noch vorstellt, dass dabei der Mond »die Fäden zieht«, gerät man geradezu ins Philosophieren. Wer schon einmal Gelegenheit hatte, Vögeln beim Nestbau zuzusehen, wie sie Ästchen für Ästchen und Halm für Halm transportieren oder später ihre Jungen füttern, der befindet sich in Kürze in einem ganz neuen

Schwingungsfeld, schraubt seine innere Drehzahl herunter und kann sich ganz und gar versenken in dieses ruhige, aber emsige Hin und Her.

Auch Wasservögel – Schwäne oder Enten – ziehen ihre Bahn auf eine Art und Weise, die unseren Blick bannen und unseren Pulsschlag beruhigen kann.

Dass Gelassenheit (und unser Pulsschlag) etwas mit Gesundheit und Wohlbefinden zu tun hat, wurde mir zum ersten Mal klar, als ich folgende Geschichte las: In Afrika gab es Stämme, die die Todesstrafe durch Trommeln vollzogen. Der Delinquent wurde an einen Baum gebunden und stundenlang einem sich ständig im Rhythmus steigernden Trommeln ausgesetzt. Während der schnellsten Phase hörten die Trommelschläge abrupt auf – und das Herz des Todeskandidaten blieb stehen. Ich weiß nicht, ob diese Geschichte stimmt, aber sie würde zumindest erklären, weshalb Stresskandidaten so oft Herzinfarkte in den ersten Urlaubstagen erleiden.

Sicher ist, dass Ruhe und Umsicht eine besonders attraktive Ausstrahlung verleihen und signalisieren, dass wir einen Menschen vor uns haben, der in seiner Mitte ruht und den nichts so leicht umwerfen kann. Da ist wahrscheinlich manch einer von uns erst in der Lernphase und hat noch ein paar Intensivkurse zu absolvieren. Aber noch ist ja bekanntlich kein Meister vom Himmel gefallen.

ZEN-Seite *Zuhören Erinnern Nachdenken*

Erinnern Sie sich noch an Ihr erstes Bilderbuch, das jemand zusammen mit Ihnen angeschaut hat? Haben Sie es schnell und ungeduldig durchgeblättert, oder haben Sie immer wieder etwas Neues entdeckt und hatten viele Fragen?

....

....

....

....

Stellen Sie sich vor, Sie bekämen eine sehr teure Reise geschenkt und hätten die Wahl, eine zehntägige Weltreise zu machen oder vier Wochen lang ein Land Ihrer Wahl zu bereisen und unter kundiger Führung kennenzulernen. Wofür würden Sie sich entscheiden?

....

....

....

....

Etwas zum Nachdenken

Der Ärger gleicht einem überhitzten Pferd, das, gebt ihr Freiheit, am eigenen Feuer ermüdet.

William Shakespeare

36. In 80 Tagen um die Welt

Die vielgescholtene Globalisierung ist ein alter Hut. Zumindest diejenigen, die ihre Urlaubstage vor lauter Arbeitswut nicht verschenkt haben, sondern schon seit Jahrzehnten pünktlich ein oder zwei Mal im Jahr wieder einen Ort oder ein Land von ihrer Reisewunschliste abhaken, haben schon immer gewusst, dass unser Globus rund und vor allem groß ist. »Da waren wir schon!« ist der berühmte Satz, der den Exotikurlauber und den Weltläufigen ausweisen soll. Und »Da fahren wir nicht mehr hin!«, wie Gerhard Polt einen Weltreiseurlauber zitiert, soll als Beweis dafür dienen, dass die Reiselust durchaus mit einem kritischen Blick auf die Fremde verbunden ist.

Wir kennen sie alle, diese ewig Braungebrannten, die mitleidvoll auf diejenigen herabblicken, die sich ihre »gesunde Hautfarbe« nicht an Originalschauplätzen, sondern von der Sonnenbank oder aus der Tube holen. Sie stellen sich als Kosmopoliten und Abenteurer dar und erfahren doch oft erst zu Hause aus dem Fernsehen, wo sie eigentlich waren und was sie dort alles nicht gesehen und erlebt haben. Oder sie spazieren mit dem Reiseführer vor der Nase durch die Gegend, so dass sie am Ende zwar viel gelesen, aber wenig verstanden haben, weil sie die Sehenswürdigkeiten nicht mit dem Leben der besuchten Orte in Verbindung bringen können. Nach ihrer Rückkehr schwärmen sie wochenlang vom griechischen, indischen oder vietnamesischen Essen, raten aber jedem ab, hier bei uns entsprechende Spezialitätenrestaurants zu besuchen, denn: »Die kochen doch nicht authentisch, die haben sich doch dem deutschen Geschmack angepasst!«. Das soll wahre Kennerschaft signalisieren. Von dem ewigen Vorzeigen schlechter Urlaubsschnappschüsse (die irgendwie immer alle gleich aussehen) oder gar den allseits unbeliebten Einladungen, gemeinsam die Urlaubsfilme anzuschauen (»Ich koche auch was Schönes nach Originalrezepten!«), wo sich alle original arabisch auf dem falschen Perser plazieren und mit den Händen viel zu weich gekochten und völlig falsch gewürzten Kuskus essen müssen, ganz zu schweigen.

Auf diese Art von Weltläufigkeit kann man mit dem Erreichen dieses ganz bestimmten Geburtstags gut und gern verzichten. Die Attraktivität weitgereister Leute ist unbestritten – nur drückt sie sich eben nicht in dieser (zugegeben etwas bösartig) geschilderten Form aus. Auch Studienreisen sind nicht jedermanns Sache, aber immerhin sagt schon ihr Name, dass sie einen bestimmten Zweck verfolgen und nicht Angeberei zum Ziel haben. Auch wird sich jeder intelligente, lebenserfahrene Urlaubsreisende genau überlegen, weshalb er sich wohin transportieren lässt. Solange die Kinder noch klein waren, ging es ohne Sand und Wasser nicht. Dabei konnte man aber auch leicht feststellen, dass sich die Strände auf der südlichen Erdhalbkugel alle irgendwie ähneln. Jetzt, wo die Kinder aus dem Haus sind und die Welt unbeaufsichtigt und ohne elterliche Beschränkungen im Zweifelsfall mit dem Rucksack und zu Fuß erkunden, sollte man Stil ins Reisen bringen. Und Genuss. Das macht jedoch eine Menge Arbeit, weil man wissen muss, was man will, bevor man sich von einem Reisebüro helfen lassen kann.

Egal wo es Sie hinzieht: Üben Sie das Reisen vorher. Dafür eignen sich die Wochenendziele besonders gut – also Städte, die man in relativ kurzer Zeit erreicht, natürlich nicht zu Zeiten, in denen sich Touristenmassen durch sie hindurchwälzen. Wahre Genießer gehen nämlich nicht als Touristen in eine Stadt, sondern als Besucher. Aber Vorsicht, wer beispielsweise mit Venedig anfangen sollte, wird ganz schnell merken, dass es mit einem Mal nicht getan ist. Diese Stadt macht süchtig. Wer dort einmal das taubengrau-rosa Licht im November und das rosa-gelb-blaue Licht im Januar gesehen hat, und wer einmal von »Acqua alta« zum Gummistiefelkauf animiert wurde, weil ihn nichts auf den kleinen Fußgängerstegen halten konnte, der ist für immer an diese Stadt verloren. Diese Bilder sind auch ohne Fotoapparat und Filmkamera auf ewige Zeiten in den Herzen und Köpfen abgespeichert. Heimatgefühl stellt sich ein, wenn man die Venezianer in der kleinen Trattoria hinter

Ca' d'Oro wiedererkennt, wo sie sich nach ihren Markteinkäufen zu einem Glas Wein im Stehen zusammenfinden, und es wird einem warm ums Herz, wenn man selbst mit einem kleinen Kopfnicken und Lächeln begrüßt wird. Und in Städten wie Lissabon, Paris, Wien, Barcelona oder London erlebt man auf ganz andere Weise Ähnliches – vorausgesetzt, man taucht dort nicht als Tourist auf, der sich von der jeweiligen Stadt »bedienen« und beeindrucken lassen will. Es kommt darauf an, ein paar Tage im Alltag dieser Städte »mitzuschwimmen«, um dadurch ihre Schwingungen zu erfahren.

Diese untouristische Art, zu reisen, lernt man »mit den Jahren«, und vor allem lernt man, sie zu schätzen. Und manchmal gelingt es danach daheim, beim Erzählen, die Augen von Zuhörern zum Glänzen zu bringen, denn man erzählt nicht von Gesehenem (das kann jeder auch aus Büchern oder Filmen erfahren), sondern von Gefühltem. Diese Art von Welt-Erfahrung ist in jüngeren Jahren einfach nicht zu haben (weil man zu »gierig« und zu ungeduldig ist).

ZEN-Seite   *Zuhören Erinnern Nachdenken*

Erinnern Sie sich, wohin der erste Urlaub ging, den Sie als Kind mit den Eltern erlebt haben? Beschreiben Sie, ob Sie von der fremden Umgebung, dem fremden Essen und eventuell der fremden Sprache eingeschüchtert oder ob Sie begeistert waren:

....

....

....

....

Stellen Sie sich vor, Sie besuchen eine Silvesterfeier, und es sind nur noch zwei Tische frei: einer mit Landsleuten, die aber ein bisschen »spießig« und langweilig wirken, und einer mit interessanten, fröhlich-lebhaften Menschen, die aber ganz offensichtlich nicht deutsch sprechen. Welchen Tisch würden Sie wählen:

....

....

....

....

Etwas zum Nachdenken

Wer seine Freiheit nicht nutzt, verliert sie, ohne es zu merken.

37. Vom Winde verweht

Wir haben natürlich alle ein Zuhause. Aber die meisten Menschen leben längst nicht mehr daheim. In diesem Wort »daheim« steckt ein Teil des Wortes Heimat. Dabei ist es längst die normalste Sache der Welt geworden, dass wir fern von dem Ort, an dem wir geboren wurden und aufgewachsen sind, eine »zweite Heimat« gefunden haben (oder eine finden wollen). Global und politisch betrachtet, erleben wir derzeit wahrscheinlich die größte Völkerwanderung in der Geschichte der Menschheit. Die, von der wir im Geschichtsunterricht gehört haben, dürfte sich im Vergleich dazu ziemlich harmlos ausgenommen haben. Die einen verlassen ihre Heimat unfreiwillig, weil sie aufgrund ihrer Ansichten um ihr Leben fürchten müssen, die anderen, weil sie sich und ihre Kinder dort nicht mehr ernähren können. Glücklicher sind die, die freiwillig in die Fremde gehen, um zu studieren oder bessere berufliche Chancen wahrzunehmen.

Wenn irgendwo mehrere Menschen um einen Tisch versammelt sind, die sich vorher nicht kannten, wird sehr schnell geklärt, woher man kommt. Und egal in welcher Stadt man sich befindet, stellt sich meistens sehr schnell heraus, dass die »Zugezogenen« in der Überzahl sind. Echte Berliner, Kölner oder Münchner sind selten geworden (und daher gehörig stolz darauf). In Wien, dem Schmelztiegel der alten, großen k. u. k. Monarchie, gibt es schon seit mehr als 100 Jahren die komische Situation, dass sich Leute mit Namen wie Swoboda oder Kratochwil darüber aufregen, dass Österreich von Ausländern überschwemmt werde. Und im Ruhrgebiet hat man sich spätestens seit der Industrialisierung daran gewöhnt, dass es nur so von polnischen Familiennamen wimmelt. Für die Schweiz gilt Ähnliches, nur mit italienischen und französischen Nachnamen.

Eigentlich wäre es für alle Großstädter an der Zeit, die Provinzen hochleben zu lassen, aus denen viele von uns kommen, und sich bei den »Provinzeiern« zu bedanken, die mit ihren Hoffnungen, ihrer Begeisterung über die unkontrollierte Anonymität der Städte jede Menge Innovationen und »frisches Blut« in die alten Mauern tragen. Der alte Spruch »In der Provinz beginnt's!« ist nämlich sehr wahr. Wahr ist aber auch, dass städtische »Frischlinge« der alten Heimat sehr oft – gelockt von Freiheit und Erfolgsmöglichkeiten in den Städten – ziemlich harsch den Rücken kehren und nur mehr aus familiären Gründen zu Kurzbesuchen dahin zurückkehren, woher sie gekommen sind. Der Geburtsort wird in diesen Jahren des jugendlichen Überschwangs als »altes Kaff« bezeichnet und auch sonst kein gutes Haar an allem gelassen, was sich dort abspielt.

So um den 50. herum ändert sich das bei vielen Menschen. Man hört bei Familientreffen wieder hin, wenn von den Eltern oder Großeltern über seine alten, da gebliebenen Schulkameraden oder Veränderungen im Ort geredet wird. Man beginnt, sich für seine Wurzeln und fast vergessene Familiengeschichten zu interessieren.

Ich habe die Provinz zwei Mal verlassen. Als ich vier Jahre alt war, zog meine Familie vom österreichischen Land in eine Stadt; als ich volljährig wurde, ging es in Richtung einer deutschen Großstadt. Ähnliches gilt für meinen Ehepartner.

Das Interesse für die eigenen Wurzeln beginnt oft erst in der Partnerschaft. Zunächst lernt man gegenseitig die Regional- und typische Landesgerichte kennen. Ich habe mich darüber gewundert, dass man in der Geburtsgegend meines Mannes nicht weiß, dass ein gutes Gulasch zu gleichen Teilen aus Zwiebeln und Fleisch besteht. Er konnte kaum glauben, dass ich nicht wusste, was ein »Schäufele« ist. Dann fängt man an, Dialektwörter zu vergleichen, und wundert sich, wie verschieden oder auch wie ähnlich Mundart sein kann. Und eines Tages will man wirklich wieder wissen, woher man kommt und was das für Menschen und Landsleute sind, die man vor 30 Jahren fluchtartig verlassen hat.

Eines der spannendsten und aufwühlendsten Erlebnisse der letzten Jahre war für mich eine Rundfahrt durch die alte, ländliche Heimat, in der ich über 20 Jahre nicht mehr gewesen war. Die Reise fand in Begleitung meines Mannes, der noch nie in der oberösterreichischen Provinz war, und meiner Mutter statt, der ich damit eine

Riesengeburtstagsfreude machte. Ich saß plötzlich Verwandten gegenüber, die ich gar nicht mehr kannte, obwohl sie mich doch angeblich als kleines Kind auf ihren Knien geschaukelt hatten. Und ich konnte die Tränen kaum unterdrücken, als ich vor einem großen freien Feld stand, auf dem sich angeblich einmal der Landgasthof meiner Großeltern befunden hatte, wo meine Mutter, meine Tante und meine Onkel aufgewachsen waren und ich geboren wurde. Es gab ihn nicht mehr, dabei habe ich noch so lebhafte Erinnerungen an diesen Ort. An die Kastanienbäume vor dem Haus, die Tische und Bänke auf Bierfässern, den Ententeich daneben. Wo war das alles geblieben?

Wir Individualisten und Nestflüchter glauben ja oft, es sei sentimental, seinem Herkommen und seinen Wurzeln nachzuspüren, nachdem es uns so lange nur peripher interessiert hat. Das ist ein großer Irrtum. Man stößt dabei auf viele Dinge und verschüttete Erinnerungen, kommt zu erstaunlichen Erkenntnissen über sich selbst, die wie Puzzlestücke gefehlt haben. Diese Rückschau sollte man sich gönnen – sie bringt einen weiter.

ZEN-Seite   *Zuhören Erinnern Nachdenken*

Was ist die früheste Erinnerung, die Sie an Ihren Geburtsort
haben? Schreiben Sie auf, mit welcher Begebenheit diese Erinnerung verbunden ist:

....

....

....

....

....

....

Wenn Sie gefragt werden, woher Sie kommen, nennen Sie
dann den tatsächlichen Ort – und sei er noch so klein –, oder
nennen Sie die nächstgelegene Stadt (weil man die auch als
Fremder kennt)? Oder geben Sie (gegebenenfalls) die Großstadt an, in der Sie heute leben?

....

....

....

....

....

Etwas zum Nachdenken

Freiheit ist ein Luxus, den sich nicht jedermann leisten kann.
Karl Marx

38. Die blaue Blume der Romantik

Kerzenlicht macht Frauen schön. Es ist ein warmes, ein nostalgisches Licht, das wir Menschen umso mehr genießen, seit wir die Nacht zum Tage gemacht haben, uns ständig Lichtquellen jeder Art umgeben und durch einen Knopfdruck jederzeit zur Verfügung stehen. Dieses ganz andere, nostalgische Licht des brennenden Dochts ist vielleicht der Grund, warum das gute, alte Candle-Light-Dinner niemals aus der Mode gekommen ist. Für alle, die nicht mit Gas kochen, keinen offenen Kamin haben und die Sonnenwende nicht auf den Bergen am lodernden Holzstoß feiern, ist Kerzenlicht das einzige Feuer, mit dem sie noch »Umgang« haben. Dass man auf Flammen einen wachsamen Blick haben muss, haben wir schon als Kinder gelernt, deshalb ist es mir unverständlich, warum so viele Leute den Kerzenschimmer auf dem Weihnachtsbaum durch Elektrolichter ersetzen. Unsere Gesellschaft ist schon sehr unromantisch geworden.

Und es ist ja auch was dran, dass man sich vor Sentimentalität und Nostalgie hüten sollte; sie sind rückwärtsgewandt und blenden die Gegenwart aus. Das Zeitalter der Romantik war auch eine Gegenbewegung zur Anbetung des Rationalen und der Industrialisierung. Damals ging man sogar so weit, dass sich ganze Heerscharen von Vätern und Söhnen plötzlich mit Begeisterung dem Mittelalter zuwandten und anfingen, Ritterburgen in allen Varianten nachzubauen – die Väter wohl in stiller Verzweiflung und der unerfüllbaren Hoffnung, auch im wahren Leben die Zugbrücken hochziehen und die schmerzhaften gesellschaftlichen Veränderungen des Fortschritts aus ihrem Leben aussperren zu können. Vielleicht ist der gegenwärtige Boom von historischen Romanen im Buchhandel auch eine Gegenbewegung zu unseren sich immer schneller drehenden Zeiten? Als man Informationen und Nachrichten noch per pedes transportieren musste, hatten die Menschen unterwegs Zeit, über die Neuigkeiten, die sie da überbringen sollten (und vor allem über deren Konsequenzen), nachzudenken. Aber wir sind uns sicher darüber einig, dass die Leerformel »Früher war alles besser« nicht zielführend und nicht einmal wahr ist.

Dennoch gibt es ein paar Dinge, vom Kerzenlicht einmal ganz abgesehen, über die man sich in unserem Alter klar sein und die wir bewahren sollten. Zum Beispiel, dass es ein paar Feste gibt, die nicht nur deshalb im Kalender stehen, damit vorher ein Kaufrausch ausbricht. Oder dass Rituale – wie gemeinsame Mahlzeiten – einen tieferen Sinn haben, dem Tag eine Struktur und Ordnung geben und Gemeinsamkeit schaffen. Es ist auch keinesfalls nostalgisch, sich wieder mit unseren ursprünglichen Lebensmitteln zu ernähren, statt Fertiggerichte und Fast Food für normales Essen zu halten, in dem der ursprüngliche Zustand und die Form der Zutaten nicht mehr erkennbar sind. Dass die Mägen unserer Kinder keine Kuhmilch mehr vertragen, weil diese sich unwiederbringlich auf abgepackte, pasteurisierte und haltbar gemachte Milch eingestellt haben, ist schon schlimm genug. Viele wissen auch nicht mehr, dass Blaubeeren und Pilze nicht auf dem Viktualien- oder im Supermarkt wachsen, und kennen Beeren- und Pilzsuchen nur aus schwärmerischen Erzählungen der Großeltern. Sie spucken frische Himbeeren oder Brombeeren oft sogar wieder aus: zu wenig süß.

Den Geruch von frisch gemähtem Gras und trocknendem Heu kennen ja selbst viele Erwachsene nicht mehr. Dass es mehr Kräuter und Gewürze gibt als Salz, Pfeffer, Petersilie und Schnittlauch, wird gerade erst wieder mühsam gelernt, wobei es hilfreich ist, dass Küchenpäpste diese Neuigkeit über quotenstarke TV-Sendungen ins Land tragen. Wenn das alles Nostalgie ist, dann sollten wir dringend nostalgisch werden. Wer Volksmusik nicht leiden kann – kein Problem. Aber wenn man sie nur deshalb nicht mag, weil man das für Volksmusik hält, was uns das Fernsehen zur Prime Time unter den Stichworten »Soundso-Stadl« und »Soundso-Scheune« vorsetzt, dann ist man auf dem Holzweg. Wir wissen ja: Böse Menschen haben keine Lieder. Wir haben zwar Lieder, aber keiner kennt sie mehr, denn bei uns singt man nur noch, wenn man auf eins mitklatschen kann.

Falls es nicht ohnedies schon längst geschehen ist, werden Sie sehen, dass der 50. Geburtstag bestimmte Sinne und Instinkte in Ihnen weckt. Sie entwickeln beispielsweise eine natürliche Abneigung gegen jede Form von Plastik und unnötigem Verpackungsmaterial. So mancher schöne Schein wird als billige Fälschung enttarnt und wieder gegen das Original ausgetauscht.

ZEN-Seite   *Zuhören Erinnern Nachdenken*

Erinnern Sie sich an drei Kinder- oder Volkslieder, die Sie gelernt haben? Versuchen Sie – jetzt –, eines davon zu singen, und schreiben Sie von jedem die ersten paar Textzeilen auf:

....

....

....

....

....

Stellen Sie sich vor, Sie dürften sich ein Geburtstagsessen mit all Ihren Freunden wünschen, wofür würden Sie sich entscheiden: ein romantisches Kerzenlicht-Dinner mit einer Live-Combo, ein mittelalterliches Burgfest mit Spanferkel und entsprechender, zeitgenössischer Musik oder eines in einem Dreisternelokal ohne Musik:

....

....

....

....

....

Etwas zum Nachdenken

Nieder mit den Petroleumlampen! Freiheit für Armleuchter!

39. Jenseits von Eden

Dass wir in einer Welt leben, in der Schein oft mehr zählt als Sein, ist eine Erkenntnis, die wir in jüngeren Jahren meistens ungern an uns heranließen. Eine ganz natürliche Abwehrreaktion, schließlich steckten wir mitten drin im tobenden Leben, fanden es toll, nicht nur »mitzumachen«, sondern ein Teil derer zu werden, die »am Drücker« sind. Wer nicht über die neuesten Trends, welcher Art auch immer, Bescheid wusste, lief Gefahr, als hinterwäldlerisch, spießig und langweilig eingeschätzt zu werden – als nicht »gesellschaftsfähig« sozusagen. Wir kannten alle die neuesten Schlager, die Namen der angesagten Nachwuchsschauspieler, die neuesten Hi-Fi- und Kommunikationsgeräte und sogar die trendigsten Therapie- und Management-Methoden. Damals wurde die Schickimicki- und Bussi-Gesellschaft noch nicht belächelt, und es war sogar für so kleine Lichter wie mich wichtiger, in der Klatschkolumne des örtlichen Boulevardblattes vorzukommen, als sich Gedanken über den Zustand der Welt zu machen. Man hatte zu wissen, welcher Drink in der In-Bar der Stadt zu bestellen war und dass im Nobelrestaurant Nr. 1 ein neuer Küchentrend hin zur Einfachheit kreiert worden war: Kartoffelsuppe mit Trüffeln (!). Da nebenbei auch noch gearbeitet werden musste, verlangte diese seltsame Gemengelage dermaßen viel Speicherkapazität in unseren Gehirnwindungen, dass wir alles ausblendeten, was nicht mit diesen vordergründigen »Wichtigkeiten« zu tun hatte. Mit Menschen, die sich nicht in unserem »modernen«, fortschrittlichen Dunstkreis bewegten, konnten wir kaum mehr kommunizieren.

Ich werde nie vergessen, wie schwer ich mich ab einem bestimmten Zeitpunkt damit tat, ein Gespräch mit den Vermietern unseres Wochenendhauses zu führen, das über die üblichen Höflichkeitsfloskeln hinausging. Und ich weiß nicht erst heute, dass es nicht an diesen liebenswürdigen Bauersleuten lag, sondern an mir. Ich hatte meine Freundlichkeit verloren, was ich hinter angelernter Höflichkeit versteckte, interessierte mich nicht mehr für diese einfache Welt (obwohl ich selbst aus ihr gekommen war), weil ich die meine für die einzig interessante hielt. Es ist zwar ganz normal, dass wir uns mit Menschen besser verstehen und angeregter unterhalten können, die unsere Interessen teilen. Aber mit anderen gar nichts mehr anfangen zu können, ist ein Alarmzeichen für emotionale Verarmung.

Sie haben es gemerkt – meine Eingangsschilderung ist etwas sehr überspitzt ausgefallen, aber die Folgen sind nicht übertrieben dargestellt. Dieser Wohlstandswahn hat schon vor langer Zeit wieder nachgelassen und das nicht nur deshalb, weil das Geld knapper geworden ist. Der Tanz auf dem Vulkan findet immer noch statt, er hat nur andere Formen gefunden. Heute heißt er Rationalisierung, Globalisierung, Ellbogeneinsatz – und damit wird alles entschuldigt, genau wie damals. Geblieben ist die Kälte, der Verlust an Zugewandtheit anderen gegenüber und an Manieren (die mehr sind als Höflichkeit, wie wir wissen). Viele Menschen haben nicht nur ihre Fähigkeit zur Freundschaft verloren, sondern auch ihre Freundlichkeit. Dazu gibt es einen interessanten Test, den Sie auch einmal ausprobieren sollten, denn er führt zu interessanten Ergebnissen: Lächeln Sie bei einem Gang durch die Stadt doch einmal wildfremden Menschen zu, die Ihnen begegnen. Sie werden Folgendes erleben: Mehr als die Hälfte verzieht keine Miene und fühlt sich nicht angesprochen. Das sind die, die Sie vielleicht sogar für bekloppt halten. Bei einem Viertel der Menschen kommt das Lächeln zwar an (was man am Augenkontakt erkennen kann), wird aber für einen Irrtum gehalten – sie drehen sich vielleicht sogar noch einmal um, wohl darüber nachdenkend, ob sie da vielleicht eine alte Bekannte nicht wiedererkannt haben. Nur bei wenigen hellen sich die Gesichtszüge sichtlich auf, und es steht ein großes Fragezeichen auf ihrer nachdenklich gerunzelten Stirn. Und rar wie Goldnuggets sind die, die offen zurücklächeln, ohne hinter diesem unvermuteten, fremden Lächeln etwas anderes zu sehen als gute Laune und Freundlichkeit. Dieser Test mag Ihnen vielleicht etwas albern vorkommen, aber er sagt eine Menge aus. Oder kennen Sie diese bestimmten Tage etwa nicht, an denen man über die Verkehrsteilnehmer oder die, die mit uns ihre Einkäufe tätigen, sagt: »Heute waren wieder nur Irre, Schlechtgelaunte und Rüpel unterwegs«. Und an solchen Tagen, Sie werden es nicht glauben, passen sogar die Abendnachrichten zu dieser Einschätzung der Stimmungslage.

»Wie es in den Wald hineinschallt, so hallt es auch heraus!« Mit diesem Bild wurden wir zu Freundlichkeit und Respekt vor anderen erzogen. Daran erinnert man sich gelegentlich, wenn man die 50 erreicht hat und sich umschaut, wie es zugeht auf der Welt, die so viele verdrossene Gesichter hervorbringt. Wir haben die wohltuende Wirkung von ganz normaler Freundlichkeit längst erkannt, praktizieren sie wieder und kommen daher immer öfter in die Lage, die angenehmen Folgen zu genießen. Das lädt den Akku auf. Und macht übrigens schön und anziehend.

ZEN-Seite *Zuhören Erinnern Nachdenken*

Kramen Sie doch einmal in Fotos, die Sie als kleines Kind zeigen. Sind Sie da öfter lachend oder öfter nachdenklich, in Gedanken (oder ins Spielen) vertieft zu sehen? Sagt man über Sie, Sie wären ein »stilles« oder ein »fröhliches« Kind gewesen? Teilen Sie die jeweilige Beurteilung Ihrem Gefühl nach?

....

....

....

....

Stellen Sie sich vor, Sie würden in ein Doppelbüro versetzt, könnten sich aber den Kollegen oder die Kollegin unter folgenden Typen aussuchen: kompetent und sehr lebhaft, aber mit einer kleinen cholerischen Ader, kompetent, aber verschlossen wie eine Auster, oder kompetent und ehrgeizig, aber ein bisschen verrückt und ausgeflippt. Wen würden Sie wählen?

....

....

....

Etwas zum Nachdenken

Wir pflegen die Freiheit, anders zu sein als andere, und zahlen dafür mit Leistung.

40. Hurra, die Schule brennt!

Die miesen PISA-Ergebnisse betreffen uns nicht mehr direkt und auch unsere Kinder in den meisten Fällen nur mehr peripher. Und wenn die Enkelkinder so weit sind, ist vielleicht endlich erkannt worden, dass Lehrer keine »Ausputzer« für Versäumnisse und Zeitmangel innerhalb der Familien sind und nur so gut sein können, wie die Lehrmethoden und -pläne, die ihnen von Bildungsfunktionären und Bürokraten aufgezwungen werden.

Vielleicht hat irgendjemand bis dahin auch verstanden, dass die Menschen – Polizisten, Kindergärtner, Erzieher, Krankenhauspersonal, Altenpfleger, Feuerwehrleute und viele andere Berufsgruppen, von deren Arbeit wir abhängig sind – angemessen bezahlt werden müssen, wenn wir wollen, dass unsere Gesellschaft zusammengehalten wird und funktioniert.

Wer die ersten vier Lebensjahrzehnte aufmerksam war, weiß heute, dass der Ruf nach Bildung – vor allem aus Politikermund – zu einem inhaltslosen Schlagwort verkommen ist. Es genügt eben nicht, ein paar von der Wirtschaft gestiftete Computer in die Schulen zu stellen, um deren Benutzung sich die Kinder in überfüllte Klassen raufen müssen, während Schulbibliotheken (und Stadtbibliotheken) geschlossen werden. Hochschullehrer beklagen heute schon, dass viele Studenten nicht mehr in der Lage sind, mit Hilfe von Büchern zu arbeiten, weil sie glauben, sich alles Notwendige im Internet zusammensuchen zu können. Es gibt kaum noch schulische Musikförderung – sie hängt an mehr oder weniger privaten Initiativen von Lehrern und idealistischen Sponsoren. Die Folge ist, dass unsere Enkelkinder zwar alle Teenie-Bands kennen und wissen, wie man sich bei »Deutschland sucht den Superstar« bewirbt, sich aber kaum noch mit klassischer Musik auskennen. Es könnten also Zeiten anbrechen, und es ist nicht unwahrscheinlich, dass wir sie noch erleben (müssen), dass Jugendliche nichts mehr mit den Namen Mozart, Verdi und Beethoven anfangen können, geschweige denn deren Musik kennen. Wir sind daran nicht ganz unschuldig, denn es liegt in der Verantwortung unserer Generation, die wir das Zwischenglied zwischen Alten und Jungen sind, so etwas nicht zuzulassen. Meine Kenntnisse über Musikinstrumente und ihren typischen Klang habe ich – musikalisch nicht sehr begabt, aber die Musik liebend – meinen Großeltern zu verdanken, die mit mir »Peter und der Wolf« hörten, den »Hummelflug« und Ravels »Bolero«. Und meinen Beruf, meine Liebe zu Büchern, verdanke ich meiner Tante, die mich schon als kleines Kind für alles begeisterte, was sich zwischen zwei Buchdeckeln befand. Damit hat sie mir die Pforte zur Welt geöffnet. Wer dieses Glück nicht hat, bleibt für immer draußen vor der Tür.

Mit dieser Hinführung zu den Schätzen unserer Kultur lassen sich Leben retten, und zwar im wahrsten Sinne des Wortes. Es gibt inzwischen ältere Menschen, die sich chancenloser, junger Schulabgänger annehmen, mit ihnen arbeiten und ihnen dabei so viel Respekt beibringen, dass sie das, was ihnen vermittelt werden soll, sogar mit Freude annehmen. Am Anfang dieses Coachings kann ein Museumsbesuch stehen, der Besuch eines Konzerts, aber immer geht es auch um Bücher. Ich habe ein Mädchen, dem dieses Glück widerfuhr, mit eigenen Augen gesehen. Ein verheerend schlechter Schulabschluss, keine Aussicht auf eine Lehrstelle, nicht der geringste Bock auf Lernen jeglicher Art. Ein über 70-jähriger rettender Engel aus der Nachbarschaft, der von ihren Schwierigkeiten hörte, hat sie aufgeweckt und ihr gezeigt, dass Bildung zwar manchmal anstrengend ist, aber ähnlich euphorische Glücksgefühle auslösen kann wie stundenlanges Joggen. Jetzt denkt diese junge Frau über eine weiterführende Schule nach und will sich sogar ans Abitur heranwagen. Manchen geht »der Knopf« eben erst spät auf, oder es gab einfach niemanden, der diesen Knopf vorher gefunden hat. Das besonders Schöne an dieser Geschichte ist, dass es dabei gleich zwei Menschen gibt, die dieser gute Ausgang glücklich macht, denn es ist ein wunderbares Gefühl, einen anderen Menschen auf einen guten Weg gebracht zu haben.

Spätestens wenn wir die 50 überschritten haben, wissen wir, dass ohne Bildung – und zwar jenseits von beruflichem Fachwissen, das wir brauchen, um eine elektronische Maschine zu bedienen, eine verständliche Gebrauchsanweisung zu formulieren oder sich Sterne zu erkochen – eine wirkliche »Menschwerdung« gar nicht möglich ist. Und die besonders gute Nachricht: Alles, was wir ab jetzt lernen und an Wissen hinzugewinnen, ist für uns ganz allein. Natürlich hört Lernen im und für den Beruf nie auf, das ist uns aber längst in Fleisch und Blut übergegangen und setzt zudem auf vorhandene Fachkenntnisse auf. Es befriedigt, macht den Alltag leichter und angstfrei, weil man sich weniger Sorgen um seinen Arbeitsplatz machen muss. Aber alles andere Wissen, das wir uns erobern – manchmal durch harte Arbeit, wer in späten Jahren eine fremde Sprache erlernt, weiß, wovon ich rede –, ist für uns, unser Vergnügen, unsere Abenteuerlust, unsere Komplettwerdung, ist vielleicht sogar der Anfang eines ganz neuen Lebens.

ZEN-Seite   *Zuhören Erinnern Nachdenken*

Gab es jemand in Ihrem Leben, der früh ein besonderes Talent an Ihnen entdeckt und gefördert hat oder Sie durch Aufmerksamkeit und Lob besonders motiviert hat? Beschreiben Sie, wer das war und wie sich diese Förderung abgespielt hat:

....

....

....

Stellen Sie sich vor, Sie würden wie Napoleon auf eine Insel verbannt. Unter folgenden Dingen dürften Sie eines auswählen, um es zu Ihrer Unterhaltung mitzunehmen (müssten aber ein Jahr damit auskommen): ein Schachspiel mit Lehrbuch, ein DVD-Player mit Ihren fünfzig Lieblingsfilmen, drei Sprachlehrgänge mit CDs und Wörterbüchern, eine Bibliothek mit fünfzig Klassikern oder drei Heimtrainer-Geräte. Was würden Sie wählen:

....

....

....

....

Etwas zum Nachdenken

Freiheit ist immer mehr, als man darf.

41. Die Macht des Schicksals

Es ist äußerst angenehm, wenn sich ein Schuldiger findet, den man für eine verpatzte Situation oder einen Fehler verantwortlich machen kann. In früheren Zeiten, als der Adel noch zu den »besseren« Menschen gerechnet wurde, hat man sich zu dem Thema etwas ganz Besonderes einfallen lassen: den Prügelknaben. Der bekam die Strafe ab, die der Spross des Hauses verdient hätte, was diesen wohl zu weiteren Übeltaten geradezu animiert haben dürfte. So zog man sich Sadisten (und wohl auch Masochisten) heran, und damit ist vielleicht auch zu erklären, dass heute noch so manche »da oben« ziemlich unbelehrbar sind (und die Masse des Volkes gewohnt ist, sich alles gefallen zu lassen).

Ausreden sind das halbe Leben, sagt man. Und bei genauer Betrachtung ist da auch etwas dran: Wir verbringen viel Zeit damit, Entschuldigungen zu basteln, die nur zum Teil mit den wahren Sachverhalten zu tun haben.

Wir kommen zu spät, weil uns ein Stau aufgehalten hat. Das ist nur die halbe Wahrheit, denn wir kommen zu spät, weil wir zu spät losgefahren sind und mögliche Behinderungen nicht einkalkuliert haben.

Wir konnten nicht anrufen, weil wir unser Handy vergessen haben. Das ist nur die halbe Wahrheit, denn wir befinden uns heutzutage selten außerhalb der Zivilisation – es gibt überall Telefone in Hülle und Fülle. Aber wir waren mit uns wichtigeren Dingen beschäftigt, so dass wir den Anruf schlichtweg vergessen haben.

Wie viel Zeit, schlechte Gefühle und Streitereien könnten wir uns ersparen, wenn wir die Dinge beim Namen nennen würden. Ehrliches Bedauern, eine formvollendete Entschuldigung und Offenheit sind auf jeden Fall charmanter als eine blöde Ausrede.

Ich habe lange gebraucht, bis ich aufgehört habe, die Schuld für mein Übergewicht bei meinen Genen väterlicherseits zu suchen, oder meinen Stress vorschob und meinen Körper einen zu guten Futterverwerter schimpfte: »Wenn ich ein Stück Torte nur anschaue, nehme ich schon zu.« Da mag ja von allem ein bisschen stimmen, aber die Hauptursache liegt in meinen Lebensgewohnheiten. Solange ich tagsüber – von der Arbeit abgelenkt und in Bann gehalten – nichts esse und am Abend zuschlage wie ein Fürst, und solange ich keinen Spaß an Sport und Bewegung habe, wird sich auch nichts ändern. Ich weiß das, gebe es längst offen zu und bin gespannt darauf, wer siegt: die Gewohnheit oder die Einsicht.

Warum ich das alles erzähle? Weil wir doch jetzt nach vier Lebensjahrzehnten schon so weit gekommen sind, dass wir aufhören können, uns selbst zu belügen.

Nicht das Schicksal ist daran schuld, wenn wir keine Freunde haben (vorausgesetzt, es ist überhaupt so, und wir suchen sie nicht einfach nur in der falschen Richtung).

Und es ist auch nicht das Schicksal dafür verantwortlich zu machen, wenn wir unsere Traumkarriere nicht gemacht haben. Vielleicht haben wir uns in eine falsche Vorstellung verbohrt und darüber das aus den Augen verloren, was uns hätte gut gelingen können.

Die Sterne bestimmen nicht darüber, ob wir finanzielle Schwierigkeiten haben, ebenso wenig die Tarotkarten oder die Linien in unserer Hand. Sonneneruptionen mögen etwas mit dem Nordlicht und (vielleicht) mit dem Klimawandel zu tun haben, für eine unglückliche Liebe sind sie eher nicht verantwortlich zu machen.

Wenn wir ständig unsere Schlüssel verkramen, ist das keine Nachricht aus dem Geisterreich oder ein Wink des Schicksals, sondern die Aufforderung, etwas gegen Nervosität und Unkonzentriertheit zu unternehmen.

Zugegeben, esoterische Spielereien haben etwas Faszinierendes, und ernsthafte Astrologie ist vielleicht tatsächlich so etwas wie ein Messinstrument von Zeitqualität. Aber man sollte sich keine Sterne, keine Feen und Kobolde erfinden, um die Verantwortung für sein eigenes Leben aus der Hand zu geben. Selbst für viele unserer Krankheiten haben wir, und nur wir, die Verantwortung zu tragen. Über den Zusammenhang von Körper, Geist und Seele haben wir im Verlauf dieses Buches schon ein paarmal gesprochen. Deshalb rate ich jedem, sich spätestens ab diesem Geburtstag mit Psychosomatik zu beschäftigen. Daraus könnten Erkenntnisse erwachsen, die die Flucht in die Esoterik überflüssig machen.

Unsere Lebenserfahrung sollte mit Erreichen dieses Geburtstages so weit gediehen sein, dass wir uns auf sie verlassen, selbstbewusst unsere Chancen für ein weitgehend unabhängiges Leben erkennen können und jede Form von Abhängigkeit ablehnen. Da wartet so viel Neues und Überraschendes auf uns, dass wir uns weder von Spökenkiekereien, schlechten, aber liebgewonnenen Gewohnheiten und schon gar nicht von nutzlosen Oberflächlichkeiten und überflüssigen Ängsten abhalten lassen sollten, in diese Zukunft durchzustarten. Schicksal ist, was wir selbst aus unserem Leben machen. Die Macht liegt in unseren Händen.

ZEN-Seite   *Zuhören Erinnern Nachdenken*

Erinnern Sie sich an die cleverste Ausrede, die Ihnen je eingefallen ist und wem gegenüber Sie sie angewandt haben? Und erinnern Sie sich an eine, mit der Sie sich heillos blamiert haben?

....

....

....

....

....

Stellen Sie sich vor, Sie müssten sich entscheiden, die Verantwortung für Ihr Schicksal für drei Tage abzugeben, und könnten wählen, an wen oder was: an ein Horoskop, den Staat (vertreten durch das Sozialamt), an Tarotkarten. Oder Sie entscheiden sich für drei Tage Tiefschlaf unter ärztlicher Aufsicht. Was würden Sie wählen?

....

....

....

....

....

Etwas zum Nachdenken

Vernunft und Freiheit sind mit Schwäche unvereinbar.

42. Die Farbe des Geldes

Gern würde ich jetzt den Satz »Wir messen dem Geld viel zu viel Bedeutung zu!« ganz unbefangen aufschreiben. Ich weiß, dass er wahr ist, ich weiß aber auch, dass er aus dem Munde eines Menschen wie mir, dem es gut geht, in den Ohren anderer, die dieses Glück nicht haben, wie Hohn klingen mag. Dennoch, wir sollten darüber reden, denn nach der Angst vor dem Verlust von Attraktivität und Lebenskraft ist das liebe Geld Punkt zwei auf der Sorgenhitliste von 50-Jährigen.

»Geld kann man nicht essen!« ist eine indianische Lebensweisheit, die auch stimmte, als die amerikanischen Ureinwohner noch ein Volk im Besitz ihres Lebensraumes waren. Heute bekommt man ohne Geld jedoch keinesfalls etwas zu essen, denn die Zeiten, als man sich seinen Mittagsbraten in Wald und Flur erjagen konnte, sind lange vorbei. Das musste auch der Wildschütz Jennerwein samt Kumpanen erfahren, und die sind uns zeitlich und geographisch näher als die Lieblingshelden von Karl May. Aber wenn wir heute Geldsorgen haben, dreht es sich nur selten um eine befürchtete Hungersnot, sondern meistens um exklusivere Wünsche, die vom neidvollen Blick auf des Nachbarn neue Besitztümer geweckt werden und die man sich nicht erfüllen kann. Urlaube, elektronische Geräte, teure Markenkleidung, Vergnügungen der verschiedensten Art – Dinge, die andere haben und die wir auch gerne hätten, um »mithalten« zu können im gesellschaftlichen Statuswettlauf. Ständig wird neues »Habenwollen« erzeugt, denn die permanente Wunscherzeugung ist schließlich die Antriebsfeder unserer Konsumgesellschaft.

Wer Kinder hat, weiß, wie schwer es ist, gegen den Druck anzugehen, den Klassenkameraden ausüben, die die angesagten Markenklamotten und -schuhe tragen. Von Handys, Computern, iPods und Spielkonsolen gar nicht erst zu reden. Es kostet schier unmenschliche Anstrengung, sie davon zu überzeugen, dass etwas zu teuer oder gar unsinnig ist, und meistens wird angesichts der Tränen und Zornesausbrüche kapituliert. Es wäre eine wundervolle Aufgabe für junge Großeltern wie uns, an dieser sensiblen Stelle mitzuarbeiten und den Konsumdruck zu mildern, der auf den Enkeln lastet. Besonders Kreative könnten eigene, besonders attraktive Markenembleme kreieren, die leicht aufgebügelt oder -genäht werden können. Aber es geht auch argumentativ: Das Stichwort »Kinderarbeit« in der Dritten Welt hat schon so manchen Sprössling beeindruckt und dazu gebracht, sich dafür zu interessieren, woher die Dinge kommen und unter welchen Umständen sie erzeugt werden. So erzieht man kritische Verbraucher. Wenn man Glück hat – zugegeben.

Eine ebenso schreckliche Folge unserer Geldanbetung ist die Panik vieler junger Leute, die gerade erst in ihren Beruf einsteigen, sich jetzt schon Sorgen um ihre Rente machen und das auch ständig verbalisieren. Manchmal hat man den Eindruck, es mit kindlichen Frührentnern zu tun zu haben, wenn man im Rahmen solcher Gespräche in ihre trotzig sorgenzerfurchten Gesichter schaut. Da ist noch nicht das letzte Wort über den endgültigen Beruf gesprochen, kein Partner gefunden, kein Hausstand gegründet – aber schon ständig die Rede von der Altersversorgung, um die man fürchtet. Nicht, dass wir dafür kein Verständnis haben könnten angesichts der unübersehbaren Ratlosigkeit unserer Politiker. Aber so wie ein heute 50-Jähriger – vorausgesetzt, er geht mit offenen Augen und Ohren durch die Welt – sich keinesfalls mehr darauf verlässt, dass er in 17 Jahren das bekommen könnte, was ihm zugesagt ist (und ihm zustünde), so sollte man die Jungen dazu animieren, es genauso zu halten. Nur wer gelernt hat, sich ausschließlich auf sich selbst zu verlassen, kann wirklich ruhig schlafen. Und unsere Aufgabe ist es zweifellos, den Jungen dabei zu helfen, über neue Gesellschaftsmodelle nachzudenken und nicht zuzulassen, dass sich Fronten aufbauen, so wie es die heute Alten wohl empfinden müssen. Es ist eine Tatsache, dass niemand mehr diese Denkarbeit den Politikern überlassen darf: Sie sind meistens dem Althergebrachten verhaftet (weil sie und ihre Parteien es ja schließlich erfunden haben), stehen unter dem Einfluss von Lobbyisten und oft zweifelhaften Beratern, und – das ist das Allerschlimmste – sie sind dem normalen bürgerlichen Leben so fern, als stünden die Parlamente auf dem Mond. Wenn Politiker heute etwas als das »Ei des Kolumbus« verkaufen, muss man nicht lange warten, bis ein wirklich kundiger Mensch die Achillesferse an dieser Innovation entdeckt. Gut beraten ist der, der sofort nach den Schwachstellen und Schlupflöchern sucht. Diese Art von aktivem Misstrauen ist heutzutage Bürgerpflicht und übrigens das Gegenteil von Politikverdrossenheit.

Dem Thema Geld – sei es nun Mangel oder die fast so schwierige Aufgabe, das wenige, das ein Normalmensch ansparen kann, krisensicher anzulegen – ist nicht mit Angst und Sorge beizukommen, sondern nur mit präzisem Denken und gesunder Skepsis. Wer selbst nicht rechnen und kombinieren kann, der ist leichte Beute für die verantwortungslosen Verführer von Ratenzahlungs- und Leasingverträgen, und wer Käufe am Telefon tätigt, dem ist nicht zu helfen. Solange Geldinstitute kleine Leute zum Schuldenmachen animieren, andererseits aber eine gute Geschäftsidee nicht einschätzen können und dafür Kredite verweigern, so lange ist guter Rat teuer.

Die einzig verlässliche Geldquelle sind wir selbst. Unsere Ideen und unser lebenskluger Erfindungsreichtum – und ein gewisses Maß an Bodenhaftung.

ZEN-Seite   *Zuhören Erinnern Nachdenken*

Erinnern Sie sich an Ihre ersten »Geldgeschäfte« – sammelten
Sie in einer Sparbüchse der Bank oder in einem Sparschwein?
Wann haben Sie Ihr erstes Taschengeld bekommen, wie viel
war das, und durften Sie damit wirklich machen, was Sie
wollten?

....

....

....

....

Stellen Sie sich vor, Sie hätten drei Möglichkeiten, mit Hilfe
von Glück zu Geld zu kommen: Sie bekämen Chips für ein
Spielkasino, der Staat böte eine neuartige Zusatzrente an,
oder Sie bekämen Aktien einer jungen, innovativen Firma.
Wofür würden Sie sich entscheiden?

....

....

....

....

Etwas zum Nachdenken

Geld ist geprägte Freiheit.
Fjodor Dostojewski

43. Jäger der verlorenen Schätze

Erinnern Sie sich noch an die Bücher Ihrer Kindheit, in denen vergrabene Schätze eine Rolle spielten? Oder die Schatztruhen und -kammern von Königen und Kalifen? Allein die Schilderung dessen, was »Ali Baba und die 40 Räuber« in ihrem Berg an Schätzen zusammengetragen haben, hat diese Geschichte aus »Tausendundeiner Nacht« unvergesslich gemacht. Die Wortgewalt der Erzähler hat Bilder von nie gesehenen Kostbarkeiten in unseren Kinderköpfen entstehen lassen, die noch heute präsent sind. Da glitzerte, schimmerte und funkelte es, dass es nur so eine Freude war, Gold- und Silbermünzen zuhauf, edelsteinbesetzte Trinkgefäße lagen neben Perlenketten – und das Wort »Geschmeide« begegnete uns damals zum ersten Mal. »Die Schatzinsel«, »Der Graf von Monte Christo« und viele andere Geschichten haben von dieser Faszination gelebt und tun es bis heute. Und vielleicht stammt auch aus diesen Kinderzeiten der unverwüstliche Traum vom Prinzen auf dem weißen Pferd, der einen besonderen »güldenen« Ring aus seiner Schatztruhe holt, um ihn über einen Jungmädchenfinger zu streifen. All das hat über viele Generationen hinweg den Inbegriff von Reichtum und Luxus geprägt.

Damit spielt auch die Werbung von heute, wenn sie Slogans wie »Man gönnt sich ja sonst nichts!« verwendet. Da ist übrigens etwas dran; man muss es ja nicht unbedingt auf ein hochgeistiges Getränk beziehen, das in jedem Supermarktregal zu finden ist. Viele von uns haben wirklich verlernt, sich manchmal auch etwas zu gönnen. Luxus ist untrennbar mit »Seltenheit« verbunden: Wer jeden Tag Champagner und Kaviar zur Verfügung hat, wird sich bald nach einem ganz ordinären Wurstbrötchen sehnen. Luxus hat etwas mit Leidenschaft und Intensität zu tun und vor allem mit der Fähigkeit, sich selbst zu beschenken. Aber da die hohe Kunst des Schenkens und des Beschenktwerdens so gut wie verloren gegangen ist, wundert es nicht, dass viele Menschen Luxus mit den falschen Dingen in Verbindung bringen. Weil wir keine Lust und keinen Nerv mehr haben, herauszufinden, was sich andere Menschen wirklich wünschen, schenken wir ihnen entweder das Erstbeste, was uns einfällt, das, was sie brauchen, oder Geld. So liegt die 100.-Krawatte unter dem Baum oder der neue Anorak, der sowieso hätte gekauft werden müssen. Und dann ist es auch kein Wunder, wenn die so pragmatisch Beschenkten eines Tages von selbst damit herausrücken, dass sie lieber gleich das Geld hätten, das wir auszugeben bereit gewesen wären. So wird Schenken zum privaten Geldverkehr.

Sich selbst gelegentlich etwas zu gönnen, sich den Luxus des Nichtnotwendigen zu leisten, ist das Salz in der

Suppe des Lebens. Diese Art von Luxus hat eher selten etwas mit Statussymbolen und durchaus auch nicht immer mit Geld zu tun, sondern viel mehr mit Sehnsüchten und Emotionen. Das kann ein Aufenthalt in einem Luxushotel sein, das man sich eigentlich nicht leisten würde, wenn man es ganz genau nähme. Aber warum nicht einmal im Sacher wohnen, oder im Hotel Danieli, wenn man schon jahrelang mit sehnsuchtsvollen Augen daran vorbeigelaufen ist? Es geht ja meistens nicht einmal wirklich darum, dass es sich nicht rechnen ließe (ein paar Tage weniger in Wien oder Venedig, und es reißt nicht einmal ein wirklich großes Loch in die Kasse) – man gönnt es sich einfach nicht und zieht wieder einmal Quantität der Qualität vor. Wer sich einmal vom Flughafen in Venedig den wirklich teuren Spaß eines Wassertaxis geleistet hat (davon könnte man mindestens dreimal ganz gut essen gehen), wird diesen Luxus niemals vergessen, weil diese zauberhafte Sicht, sich der Stadt aller Städte vom Wasser her zu nähern, eben nur auf diese Weise zu bekommen ist.

Es ist nicht gut, sich für einen normalen Wollschal zu entscheiden, weil er fast so gut aussieht wie der Kaschmirschal, der uns eigentlich ins Auge sticht. Ein flüchtiger Betrachter wird den Unterschied vielleicht nicht merken – aber Sie wissen es und können es fühlen. Ein liebender Mann wird es sich merken, wenn seine Frau um ein besonders teures Parfüm herumstreicht und es doch immer wieder zurück ins Regal stellt. Er wird ihr diesen Luxus – vielleicht angesichts des Preises mit dem Kopf schüttelnd – schenken. Wer wie ich eine Schwäche für Parfüms hat, weiß übrigens, dass die Schönheit und das Design der Parfümflakons wesentlich zur Begehrlichkeit beitragen.

Jeder Mensch sehnt sich nach ein bisschen Luxus, den jeder individuell definiert. Für den einen ist das eine Mini-Modelleisenbahn, die er schon als Junge nicht bekommen hat, für eine andere lediglich der Besuch eines Kosmetiksalons. Ganz bestimmt aber ist Luxus nicht der Kauf von gefälschten, teuren Markenartikeln. Diese Schnäppchenjägermentalität ist kleinkariert, spießig und im Übrigen eine Art Anstiftung zum (geistigen) Diebstahl. Die Freude daran währt nicht länger als die Abwicklung des Geschäfts. Luxus hat nicht das Geringste mit Angeberei zu tun, denn die zeugt im besten Fall von schlechtem Geschmack.

Mit 50 hat man gelernt, dass Luxus nichts anderes ist als das, was man sich manchmal einfach gönnen muss. Selten. Aber mit ein bisschen Glück und Geschick immer öfter.

ZEN-Seite   *Zuhören Erinnern Nachdenken*

Was war in Ihrer Kindheit für Ihre Eltern Luxus? Können Sie sich noch erinnern, als das erste Auto angeschafft wurde und das erste TV-Gerät? Beschreiben Sie, wie das gefeiert wurde:

....

....

....

....

....

Stellen Sie sich vor, Sie dürften unter drei absolut verrückten luxuriösen Dingen wählen: Ihr Bad würde in Marmor ausgekleidet und mit vergoldeten Wasserhähnen ausgestattet, ein japanischer Landschaftsgärtner würde Ihren Garten gestalten, oder Sie bekämen ein Jahr lang einen Chauffeur und Butler zur Verfügung gestellt. Was würden Sie wählen:

....

....

....

....

....

Etwas zum Nachdenken

Freiheit ist der Luxus der Angstfreien.

44. Die Zukunft hat schon begonnen

Es könnte sein, dass der 50. Geburtstag der erste Tag einer recht anstrengenden Zeit wird, denn mit diesem Tag (so wie mit jedem, wenn man es genau nimmt) hat die Zukunft schon begonnen. Es wäre gut, jetzt eine ganz persönliche Inventur zu machen. Nicht nur die der Ängste und Sorgen, über die wir ja im Lauf dieses Buches schon reichlich gesprochen und gemeinsam nachgedacht haben. Es geht vielmehr um unsere verschütteten oder sogar bereits begraben geglaubten Träume: Jetzt ist es höchste Zeit, sie hervorzukramen und mit einem erfahrenen Erwachsenenblick zu begutachten. Die nächsten 10 Jahre werden Sie sich nicht gravierend anders fühlen als in den 10 vergangenen – vor allem deshalb, weil Sie sich vieler falscher, kräfteraubender Verhaltensweisen bewusst geworden und weil Sie cleverer geworden sind. Das heißt, Sie haben genügend Kraft und Umsicht, um über Veränderungen oder gar partielle Neuanfänge nachzudenken und sie mit ein bisschen Mut sogar in die Wege leiten zu können.

Wenn Sie unzufrieden, unglücklich und bei dem Gedanken nur genervt oder sogar gereizt sind, dass es so wie jetzt für den Rest Ihres Lebens weitergehen soll, dann muss sogar dringend etwas getan werden. Zumindest dann, wenn Sie nicht zu einem Schlechte-Laune-Ekelpaket oder gar krank werden wollen. Falls Ihnen jetzt der Jugendtraum vom Pilotenberuf einfällt oder der, Primaballerina am Stuttgarter Staatstheater zu werden: Vergessen Sie es. So ist diese Inventur nicht gemeint. Sie sollen nicht alten, völlig unrealistischen Träumen nachhängen, sondern herausfinden, um welche Talente und Sehnsüchte Sie sich – im Hamsterlaufrad des Alltags – in den letzten 20 Jahren nicht gekümmert haben. Es geht auch nicht darum, dass Sie Ihren Job hinschmeißen, ohne die Gewissheit zu haben, von einer neuen Tätigkeit leben zu können. Ich hatte das Glück, mit 56 Jahren in meinem Beruf bleiben zu können, in dem ich »einfach« die Abhängigkeit des Angestelltendaseins mit der Unabhängigkeit einer »Ich-AG« getauscht habe.

Es geht auch nicht darum, Ihr Gespartes zusammenzukratzen und irgendwo irgendeinen Laden aufzumachen. Und schon gar nicht sollen Sie plötzlich anfangen, Bierdeckel zu sammeln oder den Kölner Dom aus Streichhölzern nachzubauen. Obwohl das schon wieder etwas Faszinierendes hätte: Immerhin müsste man sich da Pläne beschaffen, sich mit dieser wunderbaren Kirche und ihrer Architektur und ihrer Baugeschichte mehr als intensiv beschäftigen und enorme Kenntnisse in Statik erwerben. Falls Sie einmal davon geträumt haben, Architekt zu werden, wäre das eine Möglichkeit, den alten Traum auf andere Art auszuleben!

Wie für alles, was verändert werden soll, brauchen Sie zunächst eine Analyse des Ist-Zustandes. Erst wenn Sie schwarz auf weiß auf einer Liste stehen haben, was Sie so unglücklich macht, können Sie, mit Fakten ausgestattet, überlegen, welche Umbauten Sie in Ihrem Leben vornehmen sollten. Wenn es ungeklärte private Verhältnisse sind, suchen Sie nach einer Klärung. Drücken Sie sich nicht länger um offene Aussprachen, die längst überfällig sind, und treffen Sie endlich die Entscheidungen, die Sie schon ewig vor sich herschieben. Ein angstfreies, ehrliches Gespräch hat schon oft erstaunliche Lösungen hervorgebracht.

Liegen Ihrer Unzufriedenheit berufliche Gründe zugrunde, schauen Sie doch einmal anders als bisher auf das Problem. Richten Sie den Blick nicht auf das, was Ihnen zu viel ist, sondern auf das, was Ihnen fehlt. Vielleicht können Sie sich dieses »Zuwenig« ganz woanders – außerhalb des Berufes – holen? Wenn Sie mit Ihren Kollegen und der »Firmengemeinschaft« nichts anfangen können (oder umgekehrt), kaprizieren Sie sich nicht darauf. Suchen Sie sich eine andere Gruppe von Menschen, mit denen Sie mehr Gemeinsamkeiten und Interessen teilen. Da will ich gar nicht auf etwas so Einfaches wie einen Sportverein hinaus – es gibt viele Wissensgebiete, die Sie zwangsläufig mit Gleichgesinnten zusammenbringen. Um auf die unrealistischen Kinderträume zurückzukommen: Wenn es mit dem Piloten schon nicht geklappt hat, warum beschäftigen Sie sich nicht einmal näher mit Flugzeugmodellbau? Und die potenzielle Primaballerina könnte sich doch endlich den lateinamerikanischen Tänzen widmen, für die sie schwärmt. Wozu gibt es Tanzschulen? Um es noch einmal zu betonen: Diese Vorschläge zielen nicht (nur) darauf ab, dass man sich Hobbys zulegt, sondern dass man wieder lernt, Freude an dem zu haben, was man selbstbestimmt tut und schafft. Und vielleicht wird man sogar zum Experten auf dem Gebiet der neuen Leidenschaft – und mit viel Glück schafft man sogar die Möglichkeit, später damit Geld verdienen zu können.

Natürlich setzt all das voraus, dass man sich für die Welt mit all ihren faszinierenden Möglichkeiten interessiert und nicht schon in Gleichgültigkeit versunken ist. Die Flucht in Ausreden gilt nicht. Zählen Sie niemals zuerst die Dinge auf, die nicht gehen, sondern widmen Sie sich denen, die gehen. Und vergessen Sie niemals: Wer sich durch sein letztes Berufsviertel mühsam und frustriert hindurchquält, ohne Herz und Verstand herauszufordern und ohne sich darauf vorzubereiten, dass auch danach mehr zu tun ist, als den Rasen zu mähen und Schnee zu schippen, der wird ein böses Erwachen erleben. Aber wie hätte man 50 Jahre alt werden können, ohne Interessen zu haben und neugierig zu sein?

ZEN-Seite   *Zuhören Erinnern Nachdenken*

Erinnern Sie sich an Ihre Kinderantwort, wenn Sie damals gefragt wurden, was Sie einmal werden wollen:

....

....

....

....

Stellen Sie sich vor, Sie hätten jetzt noch die Möglichkeit, in Ihrem Traumberuf ausgebildet zu werden und ihn danach auch garantiert ausüben zu können. Sie müssten jedoch bei null anfangen und wären auch zunächst entsprechend schlecht bezahlt. Würden Sie sich darauf einlassen, wenn Sie es sich finanziell leisten könnten?

....

....

....

....

....

Etwas zum Nachdenken

In dir ein edler Sklave ist, dem du die Freiheit schuldig bist.
Matthias Claudius

45. Der Stoff, aus dem wir Menschen sind

Selbstverwirklichung ist ein Wort, das dermaßen zu Tode geritten wurde, dass es keiner mehr hören kann. Und trotzdem geht es ein Leben lang um nichts anderes, als herauszufinden, wer man eigentlich ist. Der Apfel fällt nicht weit vom Stamm, heißt es. Stimmt das in unserem Fall, und wollen wir das überhaupt? Wollen wir so sein wie unsere Mütter oder Väter? Oder auf gar keinen Fall? Was wollen wir denn überhaupt? Fragen über Fragen. Dass wir in der Lage sind, sie überhaupt zu stellen, zeichnet uns Menschen als (selbsternannte) »Krone der Schöpfung« – ausgestattet mit Geist und Verstand – aus und unterscheidet uns vom restlichen Leben auf dem Planeten. Selbst die klügsten Orang-Utans werden sich bei allen erstaunlichen Fertigkeiten nicht die Frage nach dem Sinn des Lebens stellen. Menschen tun das – vor allem diejenigen, die in der Mitte ihrer Lebenszeit angekommen sind.

Was diese Sinnfrage betrifft, gibt es – unabhängig vom Geschlecht – zwei Sorten von Menschen: Die einen streben danach, das Bestmögliche aus sich, ihren Anlagen und Möglichkeiten zu machen, und sehen darin ihre Erfüllung. Die anderen nehmen sich – zumindest scheinbar – selbst weniger wichtig. Ihr Bestreben ist es, sich sozial zu engagieren und allen Lebewesen zu helfen. Ohne sie gäbe es keine Ärzte, keine Krankenschwestern, keine Pfleger, keine Lehrer, Polizisten, Therapeuten, Sozialarbeiter, keine Tier- und Umweltschützer, kurzum keine sozialen Berufe und keine Mahner und Bewahrer unserer Lebenswelt. Das heißt natürlich nicht, dass die erstgenannte Gruppe nur aus sich selbstbespiegelnden Egoisten besteht, denen auf dem Weg zur »Vollendung« ihrer Persönlichkeit der Rest der Menschheit egal ist. Und ein engagierter Krankenpfleger denkt in seiner Freizeit sicher nicht ständig über Krankheiten und ihre Linderung nach und lässt sein musikalisches Talent brachliegen.

Philosophie ist die Lehre vom guten und richtigen Leben. Sie regt dazu an, sich selbst, die Welt und unseren Platz darin zu erkennen. Dass es über das »richtige Leben« keine einhellige Meinung gibt – es war noch nie anders, wenn mehr als drei Menschen über etwas debattieren –, ist selbst für den nicht verwunderlich, der sich noch nie mit Philosophie beschäftigt hat. Für die Anhänger des selbstbestimmten (»richtigen«) Lebens ist klar und unstrittig, dass der Mensch verpflichtet ist, seine Talente und Begabungen zu erkennen, zu fördern und zur vollen Entfaltung zu bringen. Lebenslanges Arbeiten an sich selbst, um sich zu vervollkommnen und sich seiner Bestimmung und Begabung entsprechend zu entfalten, macht für sie den Sinn des Lebens aus. Die Wege dahin sind so zahlreich wie Sand am Meer.

Und erst recht gibt es keine eindeutige, von allen gleich gedeutete Definition vom »guten Leben«. Für den einen bedeutet es, sich seinen Interessen und Forschungen hinzugeben, also immer mehr Wissen und Können zu erlangen, für den anderen lediglich, in Saus und Braus zu leben und immer mehr Materielles anzuhäufen.

Nun sind die »Selbstverwirklicher«, wie schon gesagt, keine asozialen Egoisten, die der Menschheit nichts zu geben haben. Denken Sie nur an Genies wie Mozart oder Einstein. Die schönsten Kunstwerke der Welt haben wir Menschen zu verdanken, die ihren Sehnsüchten und Leidenschaften nachgegangen sind, manchmal sogar, während die Welt um sie herum in politischen Wirren und Seuchen versank. Viele von ihnen hätten jedoch nicht überleben und nichts Geniales schaffen, erfinden oder entdecken können, wenn es nicht auch die anderen gegeben hätte, diejenigen, die sie erzogen und gefördert haben, ihnen den Rücken freigehalten, sie ernährt, gepflegt und in Krisen aufgemuntert und getröstet haben. Die einen wären also nicht denkbar ohne die anderen und umgekehrt.

Es ist völlig egal, welcher Gruppe man angehört – keiner ist etwas Besseres oder Schlechteres. Aber keiner kann ein lebenswertes, zufriedenes Leben führen, wenn er sich nicht darüber im Klaren ist, was ihn glücklich und zu einem »ganzen« Menschen macht. Ein hochbegabter Arzt ist eben nicht nur ein Helfer, sondern auch ein sein Talent verwirklichender Künstler, der nur nicht malt, komponiert oder dichtet, sondern Leben rettet oder wieder lebenswert macht. Jeder, der seinen Lebensaufgaben engagiert, mit ganzer Kraft und Leidenschaft nachgeht, ist ein Mensch, der das »richtige« und »gute« Leben gewählt hat, so wie die Philosophie es meint. Das geschieht nicht von allein, dafür muss man etwas tun – nämlich das Beste aus sich herausholen. Es ist da und wartet darauf, das Licht der Welt zu erblicken. Es gibt niemanden, der keine Begabungen und keine Talente hat.

Das ist es, was man mit dem Erreichen unseres Alters begriffen haben sollte. Unzufriedenheit verhindert die Sympathie anderer und ist ein Zeichen dafür, dass man etwas falsch macht und noch nicht herausgefunden hat, wer man ist und wo man hinwill. Das hat wenig bis gar nichts mit Geld zu tun, sondern mit der Bereitschaft, über sich selbst nachzudenken. Es ist Zeit, sich auf den Weg der Selbsterkenntnis zu machen.

ZEN-Seite   *Zuhören Erinnern Nachdenken*

Erinnern Sie sich an die Rollenspiele Ihrer Kindheit. Was waren das für Spiele? Haben Sie Berufe von Erwachsenen nachgespielt? Mit mehreren oder allein? Welche Rolle haben Sie am liebsten übernommen, und welche ließ man Sie nie spielen?

....

....

....

....

Stellen Sie sich vor, es gäbe die Möglichkeit, in die Vergangenheit zu reisen. Sie hätten die Wahl, einen Tag mit folgenden Menschen zu verbringen: Mozart, van Gogh, Freud, Albert Schweitzer oder Mutter Teresa. Wen würden Sie wählen?

....

....

....

....

Etwas zum Nachdenken

Werde durch Freiheit, was du durch Schicksal bist.
Hugo von Hofmannsthal

46. Keiner hat uns einen Rosengarten versprochen

In der christlichen Kultur sind uns so viele Dinge (und so viel Wissen) vermittelt worden, die wir wie selbstverständlich hinnehmen, aber deren Sinn wir überhaupt nicht mehr hinterfragen. Was heißt eigentlich: »Du sollst dir kein Bild machen«? Dass es dabei um Gott gehen könnte, kommt den meisten gar nicht mehr in den Sinn – schon deshalb, weil wir Gott ja so oft in Bildern gesehen haben: als alten bärtigen Mann, aber auch als Leidensgestalt oder ans Kreuz genagelt. Wir sind umgeben von Bildern, Kulturpessimisten fürchten angesichts unserer Piktogramm- und Comic-Sprechblasen-Welt sogar, dass Schrift immer mehr zur Luxustechnik einer gebildeten Elite werden wird. So weit wird es hoffentlich nicht kommen, aber immerhin ist zu beobachten, dass Sprechen und Schreiben in ganzen Sätzen im Alltag immer mehr von Slogans und Schlagwörtern abgelöst wird.

Da Alltagskommunikation zwar in bunten, eindringlichen und belebten Bildern, aber in Kurzform stattfindet, haben viele Menschen auch eine sehr »verkürzte« Vorstellung davon, was denn Glück sei. Sie können und mögen sich nicht mehr vorstellen, dass auch Krankheiten zum Leben gehören. Warum auch? Uns wird ständig signalisiert, dass es für oder gegen alles eine Pille, eine Therapie oder eine Operationstechnik gibt. Da sich in der Apotheke herausstellt, dass diese pharmazeutischen »Helfer gegen alles« teuer und bestimmte Therapien und Operationen nicht vor der Haustür zu haben sind, ist der nächstliegende Glücksfaktor das Geld. Nur wer im Besitz von genügend Geld ist, kann sich alles – Glück und Gesundheit – kaufen. Erinnern Sie sich an den Werbeslogan »Mein Haus, mein Auto, mein Boot, mein Pferd …«? Fotos von Besitztümern wurden ausgespielt wie Trümpfe in einem Kartenspiel. Dabei hat wirkliches Glück natürlich mit den Dingen zu tun, die wir uns nach altem Brauch zum neuen Jahr wünschen: Zufriedenheit, Gesundheit und Erfolg. In Wahrheit und in der Hitze des täglichen Gefechts gerät das allerdings oftmals in Vergessenheit.

Wir haben uns angewöhnt, nach dem Spaßprinzip zu leben. Wenn schon Kinder tränenreich beklagen, dass sie keine Markenklamotten bekommen, kommt man ins Grübeln darüber, ob Schuluniformen, wie sie in Großbritannien vorgeschrieben sind, nicht eine ganz gute Idee sind. Dabei gab es noch nie so viel Spaß für wenig Geld wie in der heutigen Zeit: Die Rundfunk- und Fernsehgebühr ist selbst bei geringem Einkommen erschwinglich (und die Geräte dürfen nicht einmal gepfändet werden); es gibt mehr preiswerte Bücher, als in einem Leben gelesen werden können, und selbst Musik-

CDs, Hörbücher und DVDs sind in den Bibliotheken in solcher Masse vorhanden, dass man ein paar 100 Jahre alt werden müsste, um alles hören und sehen zu können. Dass trotzdem Raubkopierer und deren Internetdealer gedankenlos als Helden gefeiert werden, zeigt nur, dass geistiges Eigentum noch weniger zählt als materielles.

Die Verkehrsanbindungen sind fast überall so gut, dass Theater, Museen, Discos, Kabaretts, besondere Restaurants und andere Veranstaltungsstätten und Wohlfühlorte selbst für Landbewohner relativ unkompliziert zu erreichen sind; von Sportstätten gar nicht zu reden.

Trotzdem jammern viele Menschen, können all das nicht als Glück empfinden und verschwenden keinen Gedanken daran, wie dankbar wir sein müssten, in einer so perfekt organisierten, wohlhabenden Gesellschaft leben zu dürfen. Das heißt natürlich nicht, dass man seinen kritischen Verstand ausschalten und nicht mehr wachsam die vielfältigen Fehlentwicklungen und offensichtlichen Ungerechtigkeiten verfolgen sollte. Bücher über grausame Lebensschicksale haben Konjunktur und jagen 100.000 Lesern in ihren gut beheizten Wohnzimmern Gänsehaut über den Rücken. Angst und Schrecken kommen in den reichen Industriestaaten aus dem Fernsehgerät und sind im realen Leben rar geworden, so dass Horror- und Gewaltfilmmacher kaum mehr wissen, was sie sich noch ausdenken sollen, um bei den Couch-Potatoes Adrenalinschübe auszulösen. Kann es sein, dass wir gar kein objektives Gefühl fürs »Glücklichsein«

mehr entwickeln können, weil wir uns zu Tode amüsieren? Oder zu Tode langweilen?

Es wäre gut, wenn wir mal wieder einen etwas weniger fordernden Blick auf die Welt und unser Leben werfen würden – oder einen anspruchsvolleren. Man hat uns bei unserer Geburt zwar einen Rosengarten gewünscht, aber nicht versprochen. Jeder Gärtner weiß, dass das viel Arbeit und Mühe macht und unendlich viel Liebe und Geduld erfordert. Um Glück empfinden zu können, muss man auch einmal darauf verzichtet haben. Diese Mischung nennt man Leben. Nur weil wir nicht so aussehen und so leben, wie es uns von den Medien als Ideal suggeriert wird, hat noch lange nicht eine böse Fee ihre Hand im Spiel gehabt. Vielleicht müssen wir nur eine andere Brille aufsetzen, um unseren individuellen Rosengarten zu entdecken!

ZEN-Seite   *Zuhören Erinnern Nachdenken*

Erinnern Sie sich: Waren Sie ein fröhliches Kind, das leicht zufriedenzustellen war, oder hatten Sie eine niedrige Frustrationsschwelle? Nörgelten und weinten Sie so lange, bis Sie bekamen, was Sie wollten?

....

....

....

....

Stellen Sie sich vor, Sie könnten wählen: ein ganz normales Leben mit allen Höhen und Tiefen (neben allen Freuden auch Unglück und gelegentliche Krankheiten), oder eines in Saus und Braus, ohne jeden Kummer und ohne Krankheiten, alles würde im Gleichmaß immer weitergehen – dafür müssten Sie aber ewig leben. Was würden Sie wählen?

....

....

....

....

Etwas zum Nachdenken

Der gefährlichste Feind der Wahrheit und Freiheit ist die kompakte Majorität.
Henrik Ibsen

47. Nur wer schläft, sündigt nicht

Als in dem Verlag, in dem ich über ein Jahrzehnt gearbeitet habe, die Idee geboren wurde, einen kleinen Ge-
schenkband zu veröffentlichen, der sich augenzwinkernd
mit den kleinen Brüdern und Schwestern der großen
Sünden beschäftigen sollte, war man sich schnell darüber einig, dass der Autor aus den eigenen Reihen kommen könnte. Man kam sofort auf mich. Meine Selbstein-
schätzung – »fett, faul und manchmal philosophisch
angehaucht« – hatte die Kollegen auf meine Spur gebracht. So entstand »Das kleine Buch der Laster«. Es zu
schreiben war das pure Vergnügen. Erstens weiß ich
wirklich ganz gut über Laster jeder Art Bescheid, und
zweitens ergaben sich doch noch höchst vergnügliche
Recherchen.

Können Sie die berühmten sieben Todsünden aus
dem Gedächtnis aufzählen? Ich merkte damals schnell,
dass ich über drei nicht hinauskam und mir somit vier
fehlten. Als ich sie dann endlich zusammenhatte – Hochmut, Zorn, Neid, Wollust, Maßlosigkeit, Geiz und Trägheit –, fand ich, dass sie doch recht altmodisch und ver-
staubt klangen. Ich machte mich beim Schreiben ein
wenig darüber lustig:

»Wollust« gilt als kardinale Sünde – vom Kardinal

ebenso begangen wie von Mann oder Frau –, weil sie nichts zum Ziel hat als sich selbst. Sie steht für eine latente Gefährdung sogenannter »ordentlicher Verhältnisse«, was immer man sich in sexueller Hinsicht heutzutage darunter vorzustellen hat. Das ist wohl auch der Grund, weshalb mehr Politiker über sexuelle Affären gestolpert sind als über Fälle von aufgedeckter Korruption. Das Zuviel an Freizügigkeit erfährt inzwischen durchaus bereits ein Korrektiv – es wird angeblich gerade wieder modern, vor der Ehe keinen Sex zu haben. Und die Scheidungsanwälte reiben sich schon jetzt die Hände.

Über Geiz und Neid sind wir uns sicher einig – diese Sünden sind abscheuliche Eigenschaften und taugen beide nicht für eine augenzwinkernde Absolution. Der Zorn hingegen war mir damals schon wert, ein bisschen eingehender betrachtet zu werden. So unliebsam er für diejenigen ist, die er in voller Stärke trifft, birgt er doch ein positives Potenzial: Leidenschaft. Und die ist immerhin ein Zeichen von Lebendigkeit. Hinter dem Zorn verbirgt sich ein leiserer Verwandter – die Wut. »Was lange gärt, wird endlich Wut!« – ein Satz, der mir immer schon gefallen hat. Er beweist, dass ewiges Hinunterschlucken, das Verbergen von Verletztheit und die heute so weit verbreitete Harmoniesucht selbst beim Sanftesten nicht auf Dauer funktionieren. Und wenn es nicht Wut wird, wird es eben Krankheit! Für mich stehen Zorn und Wut für versäumte Offenheit in der Vergangenheit, aber auch für das Beenden einer unhaltbar gewordenen Situation und damit für die Lebendigkeit eines Neubeginns.

Das Wort Hochmut ist auch so sehr aus dem Gebrauch gekommen, dass es einer Übersetzung bedarf. Am ehesten könnte man es wohl mit selbstgerechter Arroganz, gepaart mit Unbelehrbarkeit, vergleichen. Diese Sünde ist aber nicht nur als Phänomen der oberen Zehntausend abzutun, denn sie hat auch positive Wurzeln und basiert auf Selbstbewusstsein und Gerechtigkeitsgefühl. Goethe befand einmal: »Nur Lumpe sind bescheiden!«. Und ich behaupte, dass diejenigen, die Wasser predigen, meist selber den besten Wein saufen.

Und jetzt kommen wir zu meinen Lieblingssünden, von denen ich wirklich etwas verstehe: Maßlosigkeit und Trägheit. Ist Ihnen schon einmal aufgefallen, dass vor allem faule Menschen ihre Aufgaben besonders pünktlich und schnell erledigen? Warum, ist sonnenklar – sie möchten so rasch wie möglich wieder in ihren Lieblingszustand der Ruhe zurückkehren. Nur durch Schnelligkeit, Konzentration und Präzision gewinnt man freie Zeit.

Die Maßlosigkeit – vor allem in Bezug auf Essen und Trinken – ist ein weites Feld. Sich alles für den Abend aufzuheben, so wie ich es fälschlicherweise tue, fordert die Übertreibung geradezu heraus. Und auch bewusst falsch ausgelegte Zitate wie »Es gibt nichts Gutes, außer man tut es!« und »Vom Guten kann man nie genug haben!« machen die Sache nicht wirklich besser. Ich möchte die Sünde der Maßlosigkeit gerne streng verurteilen. Es fällt mir allerdings sehr schwer, weil ich ständig mit ihr ringe. (Ich hebe mir ihre Bewältigung am besten für die 60 Gründe auf, warum es schön ist, 60 zu werden!)

Betrachtet man dieses Todsündenregister, sind wirklich nur der Geiz und der Neid ganz und gar verwerflich. Sie richten sich gegen andere und bereiten dem, der sie praktiziert, nur in einem neurotisch-pathologischen Sinn Vergnügen. Sie sind beide ausschließlich destruktiv. Allen anderen großen Sünden hingegen wohnen interessante Ambivalenzen inne. Gehen Sie anlässlich Ihres runden Geburtstages doch einmal Ihr persönliches Sündenregister durch. Seien Sie milde, wo Milde angebracht ist, und den Rest schreiben Sie auf Ihren Arbeitsplan für die nächsten 3650 Tage. (Verlustvortrag ist – wie Sie an mir sehen – durchaus möglich!)

ZEN-Seite *Zuhören Erinnern Nachdenken*

Erinnern Sie sich: Haben Sie in Ihrer Kindheit Ihre Eltern, älteren Geschwister oder Lehrer oft dabei ertappt, Dinge zu
tun, die man Ihnen gegenüber zum absoluten Tabu erklärt
hatte?

....

....

....

....

....

Stellen Sie sich vor, man würde Sie wegen einer bestimmten
guten Eigenschaft zum Vorbild für die gesamte Nation erklären: Sie lügen nie, Sie werden nie wütend oder zornig, Sie
leben asketisch, Sie sind freigiebig und großzügig oder üben
Enthaltsamkeit in sexuellen Dingen. Für welche dieser Eigenschaften könnten Sie stehen?

....

....

....

....

....

Etwas zum Nachdenken

Jemanden mehr zu lieben als sich selbst – das ist Freiheit.

48. Horch, was kommt von draußen rein?

So wie es die Farbe Schwarz angeblich nicht gibt, so gibt es auch keine absolute Stille. Aber selbst wenn es sie gäbe, würde der Mensch sie wahrscheinlich nicht aushalten und ob dieses Ausnahmezustands vor Angst durchdrehen. Stille ist für die meisten Menschen genauso bedrohlich wie das Alleinsein. Wir scheinen immer ein Gegenüber oder einen bestimmten Geräuschpegel zu brauchen, um uns gegen die Stille abgrenzen zu können. Ich konnte mich beispielsweise als Kind nur dann wirklich auf die Hausaufgaben konzentrieren, wenn das Radio lief. Ich habe zwar nicht wahrgenommen, was da zu hören war, aber die Geräusche umgaben mich wie ein Kokon, in dem ich für mich war und behütet und guter Laune meiner Arbeit nachgehen »durfte«. Einen ähnlichen Effekt hat wohl auch Musik im Aufzug, die die Angst vor der Enge und vor technischem Versagen nehmen soll und eine ganz bestimmte, sanfte Unaufgeregtheit haben muss. Kaufhausmusik muss ebenfalls entspannen, aber nicht so sehr, dass der potenzielle Käufer müde und träge wird. Er soll ja entschlussfreudig bleiben oder sogar werden. So wie Kühe mit der richtigen Musik beschallt werden, um angeblich mehr Milch zu produzieren, so ist es eine hohe Kunst der Käufermanipulation, die richtige, unauffällige, aber manipulative Musik auszuwählen, die hilft, unsere Brieftaschen zu öffnen. Es handelt sich im Übrigen dabei fast immer um Musik, die wir uns zu Hause niemals anhören würden.

Vielleicht haben Sie irgendwann nach Ihrem 50. Geburtstag das Gefühl, dass Ihr Hörvermögen nachlässt. Wenn Sie in frühen Jahren nicht Rockmusiker oder Dauer-Discogänger waren und sich ständig die volle Dröhnung gegeben haben, erschrecken Sie nicht: Sie erleben nur eine harmlose Nebenwirkung der segensreichen Erfindung der Wattestäbchen. Nach einem Gang zum Ohrenarzt und einer professionellen Ohrspülung hören Sie sogar wieder das, was Sie gar nicht hören wollen.

Dass wir in unserem Alter lernen sollten, auch auf leisere Töne zu achten – sie sind eher selten und daher meist von besserer Qualität –, habe ich schon mehrfach betont. Denken Sie nur an den wunderbaren Anfang des Strauß-Walzers »An der schönen blauen Donau« oder an Ravels »Bolero« – in beiden Fällen kommt es auf die richtige Lautstärke an, um das Subtile und das Rauschhafte in der richtigen Mischung genießen und erfassen zu können. Mit Hilfe solcher Musik kann man Hören üben und lernen – und natürlich mit Hilfe der Natur, aber dazu kommen wir noch.

Das viel größere Problem: Wir glauben zwar alle, hören zu können, aber zuhören können die wenigsten. Gerade weil so wenig Offenheit unter den Menschen herrscht, käme es darauf an, Zwischentöne zu erfassen, Sprechpausen und nur halb zu Ende gesprochene Sätze richtig zu deuten, um wirklich zu hören, was andere uns sagen wollen. Richtiges Zuhören ist eine große – wenn auch leicht erlernbare – Kunst, die nur funktioniert, wenn man sich ganz auf denjenigen einlässt, der da spricht. Das vielzitierte »halbe Ohr« erfasst weniger als die Hälfte bis gar nichts.

Das ist nicht nur im Privatleben wichtig, höflich und zeugt von Liebe. Wer hören will und kann, ist in der Lage, Lügner zu durchschauen, Angeber zu entlarven und sich so vor Ärger und Leichtgläubigkeit zu bewahren. Falsche Töne gibt es nicht nur in der Musik. Politiker müssen lange üben, um das Sprechverhalten und die Gestik zu erlernen, die uns von den Inhalten ihrer Aussagen ablenken. Und man muss schon so viel Erfahrung haben wie wir, um diesen Code knacken zu können, selbst mit guten Ohren.

Einer der vielen Gründe, warum Menschen nicht mit sich allein sein können, ist, dass sie Stillstand nicht aushalten können. Sie müssen ständig bespielt und unterhalten werden. Loriot hat diese Tatsache mehrfach am Beispiel von Paaren vorgeführt. Denken Sie an die in der Küche hantierende Frau, die einfach nicht aufhören kann, es plappernd gut mit ihrem Mann zu meinen, der eigentlich in aller Ruhe die Zeitung lesen will. In diesem Stück sind gleich zwei Menschen ziemlich allein zu zweit. Wer wirklich das Glück einer guten, tragfähigen und dauerhaften Beziehung mit einem anderen Menschen erleben möchte, muss schweigen können, den anderen in Ruhe lassen. Und wer wirklich allein lebt, sollte lernen, mit schönen Dingen in Dialog zu treten. Bücher sind wunderbare Gesprächspartner. Sie stellen Fragen, fordern Antworten und Stellungnahmen, stellen unsere Standpunkte und unsere Meinungen in Frage, fordern zum Umdenken auf – wer mit Büchern zu leben gelernt hat, wird niemals einsam sein und auch nicht wirklich allein.

Ähnliches gilt für Brief- oder E-Mail-Freundschaften. Man muss sich nicht immer gegenübersitzen, um miteinander zu sprechen. Ganz im Gegenteil, die Schriftform fordert zum sehr viel sorgfältigeren, genaueren Formulieren auf. Wie oft sagen wir in einem Gespräch »Ich meine«, »Ich wollte damit sagen«, »Du hast mich falsch verstanden!«, »Ich habe das ganz anders gemeint«. Es spricht sich schneller, als es sich schreibt.

Zuhören- und Alleinseinkönnen, das sind zwei Eigenschaften, die es nicht nur deshalb rechtzeitig zu erlernen gilt, weil wir sie vielleicht in späteren Jahren brauchen, sondern auch, weil sie – richtig angewandt – einen großen Erkenntnisgewinn bergen. Das Vergnügen, das sie zu bereiten in der Lage sind, haben viele von uns bis jetzt schwer unterschätzt – und damit viel versäumt.

ZEN-Seite *Zuhören Erinnern Nachdenken*

Erinnern Sie sich: Waren Sie ein »sprechendes« Kind, das die Erwachsenen ständig mit »Warum?«-Fragen gelöchert hat, oder haben Sie lieber zugehört?

....

....

....

....

....

Stellen Sie sich vor, Ihnen wäre eine wunderbare Geschichte eingefallen, und Sie hätten auch das Talent, sie erfolgreich zu Papier zu bringen, könnten aber nur eine Form wählen: ein Buch, einen Film, ein Theaterstück oder ein Hörbuch. Wofür würden Sie sich entscheiden?

....

....

....

....

....

Etwas zum Nachdenken

Kreativität ist ein Kind der Freiheit.

49. Natur ist kein grüner Punkt

Als ich mich während eines Italienurlaubs darüber beschwerte, dass es in unserem kleinen, gemieteten Paradies angeblich Schlangen und kleine Skorpione gäbe, rückte mein Mann die Dinge wieder zurecht: »Die leben hier! Wir sind diejenigen, die hier lediglich zu Gast sind!« Seitdem achte ich eben darauf, ob und wo ich einheimischen Gartenbewohnern begegnen könnte, zumal Besucher wie wir ohnedies völlig falsche Vorstellungen von Tieren in fremden Gegenden haben: Weder Schlangen noch Skorpione sind angriffslustige Bestien. Sie gehen dem Menschen aus dem Weg und sind froh, wenn man sie in Ruhe lässt. Mir ist in den letzten 10 Jahren keines von beiden Tieren begegnet – ich hatte von ihrer Existenz nur gehört.

Die Vorstellung von Natur wird von vielen längst nur noch auf Bio-Obst und -Gemüse reduziert, auf Energiegewinnung mittels Sonnenkollektoren und Windrädern und auf Sonntagsausflüge (inklusive Stau) zu überfüllten Cafés. Unsere Kinder und Enkelkinder kennen den wunderbaren Geruch eines Kuhstalls nicht mehr, diese dampfende Wärme und die typischen Geräusche, wenn die Tiere mit dem Schwanz nach Fliegen schlagen, während sie in stoischer Gelassenheit Gras oder Heu malmen. Ich bin auf dem Land aufgewachsen und zehre noch heute von diesen Erinnerungen, von Bildern und Gerüchen, die mir für alle Zeiten bleiben werden. Wer noch nie die samtweiche Schnauze eines Pferdes oder die rauhe Zunge einer Kuh auf seiner Handfläche gespürt hat, dem fehlt wirklich eine wunderbare Lebenserfahrung. Wer diesen großen, gutmütigen Tieren so nahe und angstfrei begegnen durfte, hat ein ganz bestimmtes Gefühl der Sicherheit und des Aufgehobenseins mitten im Leben erfahren, das für immer nachwirkt.

Zu wissen und zu beobachten, was sich außerhalb unserer Städte und Siedlungen in der freien Natur so tut, lässt sich aber nachholen. Das einmalige Gefühl, auf einem federnden Waldboden zu gehen und diesen typischen Harz- und Erdgeruch eines Waldes zu riechen, während die Sonne durch die Blätter hindurch Lichtkringel auf den Weg zeichnet, ist durch nichts zu toppen – höchstens durch den Duft, den der Wald bei Nieselregen verströmt. Leider wissen wir Stadtmenschen auch nichts mehr von Heidelbeer-, Himbeer- oder Brombeerplätzen, an denen man sich blaue Finger und Lippen holt oder sich die Arme und Beine zerkratzt, was man vor Begeisterung gar nicht bemerkt. Auch das Lustgefühl beim Entdecken eines ergiebigen Pilzplatzes ist den meisten unbekannt. Wir beschweren uns nur über die hohen Preise auf dem Markt oder merken gar nicht, dass die Riesenblaubeeren, die da seit ein paar Jahren angeboten werden, innen weiß sind und nicht mehr wie Blaubeeren schmecken.

Für ehemalige Landkinder, wie ich eines bin, sind Vögel eher tierische Nebenfiguren. Spatzen, Tauben und Schwalben waren überall und wurden daher nicht sonderlich beachtet. Mit der wunderbaren Welt der Vögel hat mich erst mein Mann in den letzten Jahren vertraut gemacht. Den Wiedehopf kannte ich nur dem Namen nach, und als er mir gezeigt wurde, war ich ganz begeistert – seine Federzeichnung lässt ihn beim Fliegen aussehen wie einen kleinen Hubschrauber. Auch der Fasan, der uns morgens auf unserer italienischen Terrasse besucht und stolz wie ein General die Hausfront abschreitet, wobei er Laute ausstößt, die ihn für jeden Gesangswettbewerb disqualifizieren, ist jedes Mal eine Sensation. Seine Anwesenheit lässt uns lächelnd »erstarren« und jeden Laut vermeiden, damit wir ihn nur nicht verjagen. Das Einzige, was die meisten Menschen heutzutage über Fasane wissen, ist, dass man beim Verzehr auf eine Schrotkugel beißen könnte. Wir wünschen dem unseren ein langes Leben! Und als letztes Jahr in der Dämmerung ein Fuchs über unsere Wiese schnürte, nicht ohne neugierig und vorsichtig durch die offene Flügeltür ins Haus zu äugen, waren wir völlig aus dem Häuschen. Ein Fuchs! Den hatten wir noch nie »in echt« zu Gesicht bekommen!

Falls Sie auch zu denen gehören, die mit Natur bisher nicht viel am Hut hatten, sollten Sie sich für die nächsten Jahre fest vornehmen, das zu ändern. Ständig werden uns Nachrichten über Wetterkatastrophen oder den bevorstehenden Klimawandel ins Haus gefunkt, und wir bringen das meist nur mit Spendenaktionen oder den Straßenverhältnissen vor unserer Haustür in Verbindung – und sind wieder einmal froh, dass es uns nicht »getroffen« hat. Es wird Zeit, dass wir unsere Augen öffnen, um die Schönheiten und das Leben, das sich trotz unserer Betonierwut in freier Natur noch immer abspielt, zu sehen und zu genießen. Es ist auch nicht von Schaden, sich wieder einmal bewusstzumachen, dass wir Teil dieser Natur sind und nicht nur ihre Nutznießer und Verbraucher (und rücksichtslosen Zerstörer). Schaffen Sie sich ein Fernglas an, üben Sie sich in Geduld, und Sie werden im wahrsten Sinne des Wortes etwas erleben! Meditationsmusik ist eine lahme Sache gegen den nervenberuhigenden und herzerwärmenden Effekt, den uns der Ruf des Kuckucks, eine jungvögelfütternde Amsel und der Dämmerungsflug von Fledermäusen beschert. Das alles endlich wieder zu entdecken ist jeden runden Geburtstag wert.

ZEN-Seite   *Zuhören Erinnern Nachdenken*

Mit welchen Tieren hatten Sie als Kind Kontakt? Hatten Sie
ein Haustier? Beschreiben Sie die erste intensive Begegnung
mit einem Tier, an die Sie sich erinnern können:

....

....

....

Stellen Sie sich vor, Sie dürften (oder müssten) einen Sommer
lang auf einem Bauernhof arbeiten, dürften sich aber Ihr Arbeitsgebiet selbst aussuchen: Stallarbeit bei Kühen, Pferden
und Schweinen, die Versorgung von Hühnern, Enten, Gänsen
und Truthähnen, Heu- und Kartoffelernte, die Versorgung des
Gemüse- und Blumengartens oder Küchendienst für fünfzehn
Personen. Was würden Sie wählen?

....

....

....

Etwas zum Nachdenken

Kaufen, was einem die Kartelle vorwerfen,
lesen, was einem die Zensoren erlauben,
glauben, was einem die Kirche und die Partei gebieten.
Beinkleider werden zur Zeit mittelweit getragen.
Freiheit gar nicht.
Kurt Tucholsky

50. Das Glas ist immer noch halb voll

Alles Herumreden nützt nichts – einmal muss es offen ausgesprochen werden. Die »Besorgnis« angesichts des 50. Geburtstages hat einen einzigen Grund. Die Angst, nicht mehr mit den Jüngeren mithalten zu können, die Panik vor Falten und Attraktivitätsverlust und die Sorge vor den Zipperlein und den möglichen Krankheiten, die uns vielleicht künftig heimsuchen könnten, sind nur vorgeschoben. In Wahrheit möchten wir der Tatsache nicht ins Auge schauen, dass Leben endlich ist. Darüber können auch das sonnigste Gemüt und die besten Argumente nicht hinwegtäuschen. So ist es, seit die Welt besteht, und so wird es immer sein. Aber bis dahin haben wir unser Leben, und wir sollten es in vollen Zügen genießen und nach allen Regeln der Kunst voll ausschöpfen.

Über die Weltanschauungen (beachten Sie bitte diesen Wortsinn – er macht deutlich, dass es sich um Betrachtungsweisen von bestimmten Standpunkten aus handelt!), über Optimismus und Pessimismus, die bei unserem Geburtstags-Thema im ewigen Widerstreit liegen, haben sich zu allen Zeiten kluge Köpfe Gedanken gemacht – hören wir ihnen zu:

Pessimismus ist ein Luxus, den sich nur die Bequemen leisten können.

Robert Anton Wilson

Die Welt ist eine optimistische Schöpfung. Beweis: Alle Vögel singen in Dur.

Jean Giono

Der einzige Mist, auf dem nichts wächst, ist der Pessimist.

Theodor Heuss

Eigentlich hat es ja nicht viel auf sich mit dem besten Pessimismus. An dem Glücklichen gleitet er ab wie Wasser an der pomadisierten Ente, und der Unglückliche weiß ohne weiteres Bescheid.

Wilhelm Busch

Die Poesie des Pessimismus ist die Lebensfreude.

Frank Wedekind

Pessimismus ist der Schatten, den der Optimismus werfen muss, um ernst genommen zu werden.

Frank Schätzing

Pessimismus ist Optimismus auf lange Sicht.

Georg Kreisler

Die Grundlage des Optimismus ist blanke Angst.
Oscar Wilde

Optimismus ist lediglich ein Mangel an Information.
Heiner Müller

Optimismus ist diejenige Weltanschauung, die das Sein höher als das Nichts stellt und so die Welt und das Leben als etwas an sich Wertvolles bejaht.
Albert Schweitzer

Weg mit den bis zum Überdruss verbrauchten Wörtern Optimismus und Pessimismus. Denn der Anlass, sie zu gebrauchen, fehlt von Tag zu Tage mehr: Nur die Schwätzer haben sie jetzt noch so unumgänglich nötig.
Friedrich Nietzsche

Man muss nüchterne, glückliche Menschen schaffen, die nicht verzweifeln angesichts des schlimmsten Schreckens und sich nicht an jeder Dummheit begeistern. Pessimismus des Verstandes, Optimismus des Willens.
Antonio Gramsci

An den Pessimismus gewöhnt man sich zuletzt wie an ein zu enges Sakko, das sich nicht mehr ändern lässt. Das Geheimnis des Glücks liegt nicht im Besitz, sondern im Geben. Wer andere glücklich macht, wird glücklich.
André Gide

Egal welche Stimme Ihnen entspricht – an den Tatsachen des Lebens wird sich nicht viel ändern. Es ist nicht nur möglich, sondern höchstwahrscheinlich, dass sich unsere Fältchen im Lauf der nächsten 30 Jahre vertiefen, und es kann auch sein, dass uns im Lauf unseres weiteren Lebens ernsthafte, schwierige Probleme erwarten.

Ändern können wir alle nur etwas daran, wie wir mit diesen Realitäten umgehen.

Seien Sie sich also bewusst, dass es nicht gut ist, den Teufel an die Wand zu malen, und dass das Wort Pessimismus seine Wurzel in pessimum hat, was so viel wie böse oder schlecht bedeutet.

Halten Sie es so, wie Sie es schon seit Ihrer Kindheit getan haben. Wenn Sie ein Steinchen im Schuh haben, entfernen Sie es. Sorgen Sie dafür, dass die Gläser immer mindestens halbvoll sind, und feiern Sie Ihren Geburtstag unbeschwert.

Und vergessen Sie nicht: Die Gegenwart dauert immer nur drei Sekunden. Reihen Sie sie aneinander, und genießen Sie das Leben.

Sie sind mit allem ausgestattet, was man braucht, um glücklich zu sein – oder zu werden.

Nachdenkseiten

Margit Schönberger

Don't worry, be fifty

Plötzlich bist du 50 –
und die Welt ist voller Möglichkeiten

Frauen über fünfzig müssen nichts mehr werden, denn sie sind schon was – und können endlich einmal an sich selbst denken. Einzige Voraussetzung: Sie müssen sich trauen.

Margit Schönberger hat sich getraut und die Erfahrung gemacht, dass das Leben auch in diesem Alter noch jede Menge Überraschungen bietet.

Offen, ungeschminkt und mit dem Augenzwinkern einer Frau, die sich nichts mehr beweisen muss, geht sie auf Entdeckungsreise in ein unerforschtes Land. Und zeigt, dass es jenseits der fünfzig nichts zu verlieren gibt, aber viel zu gewinnen. Gelassenheit zum Beispiel. Die Kraft, zu sich selbst zu stehen. Oder die Freiheit, das zu tun, wovon Jüngere kaum zu träumen wagen.

KNAUR TASCHENBUCH

Margit Schönberger

Don't worry, be fifty – der Ratgeber

Genießen Sie neue Freiheiten,
und gönnen Sie sich nur das Beste

Freuen Sie sich auf die zweite Halbzeit! Nach Jahren des Hastens und Eiferns ist der Geburtstag mit der magischen Fünf ein idealer Anlass, sich endlich einmal um sich selbst zu kümmern, Ballast abzuwerfen und das Leben auf Ihre ureigenste Art und frei von dem Erwartungsdruck anderer zu genießen.

Lernen Sie, auf Ihre innere Stimme zu hören und öfter auch mal nein zu sagen. Beugen Sie sich nicht länger fremden Vorstellungen und (Mode-)Diktaten. Nehmen Sie lange gehegte Träume in Angriff. Jetzt! Denn: Es kann nur besser werden!

Das Praxisbuch für echte Fünfziger!

KNAUR RATGEBER